新世紀叢書

當代重要思潮・人文心靈・宗教・社會文化關懷

生命的學問十二講

王邦雄

世道・行走人間

國內老莊研究第一人
說世道・說圓融・說生死・
說信仰與人生・說良心的培養

生命的學問十二講（原《行走人間》增訂新版）

【目錄】全書總頁數272頁

增訂新版自序／二〇一七年

這一本解讀人生的書，二十年前首度以《世道》為名刊行；十年之後再以《行走人間》之更貼近生活的姿態重新出發；而今又過了十年，轉以《生命的學問十二講》之增訂新版推出，加進了〈信仰與人生〉與〈良心的培養〉兩篇專為青年學生之通識素養而寫的篇章。

對人文學者而言，講課與寫書乃是理想追尋與責任擔當的分內事，它的本身就是目的，暢銷與否那可是廣大讀者的事了。這二十年來，出版社對本書未得到應有的迴響，引以為憾，難得主編有此信心與堅持，身為作者深感榮幸，哪敢輕言從講堂與書房中退休呢！

說是生命的學問，為的是與知識的學問做出簡別。老子有云：「為學日益，為道日損。」前者是知識的學問，而後者是生命的學問。知識的學問是每天求其增益，而生命的學問卻每天求其減損。此為道所減損的，正是為學所增益的。不過為學所增益的，可不是今天學術研究所強調之「價值中立」的客觀知識，而是價值執著所拖帶出來的傲氣與偏見，各門學術的專家學者，以尖端為優越，卻失去了對人生不同層次的理解與尊重，與不同界域的同情與關懷。

此外，孔子也說：「士志於道。」又說：「君子不器。」前者說的是一個知識份子的理想，就在開發生命的學問，後者說一個成德君子的一生，不能困在知識的學問，而僅求成就自家的器用而已。《易繫辭傳》統合兩家之說，云：「形而上者謂之道，形而下者謂之器。」就「心」在「物」中的存在處境來說，「心」引領「物」往上走是為道行；反之，「心」執著「物」往下掉則成器用，此道行就是「生命的學問」的實踐，而器用則是「知識的學問」的效應。

當代社會的病痛，就在只講求功利實效的器用，而失落了價值理想的道行。人物忙碌不堪，人間茫然不定，關鍵在人心盲昧不明，在無法無天中，自困自苦。人生在此要有一翻轉，不隨流俗而去，每天告訴自己，人間的名利權勢我可以不要，在那一當下，我們就擺脫了實效功利的器用束縛，而回歸價值理想的道行美好。原來，人生的道路不在東西南北，而在上下，問題在，我們的心能否在道行與器用間，做出存在的抉擇了！

王邦雄二〇一七年九月序於秀岡心齋

〈序〉／一九九七年

世道在人心的開拓

王邦雄

這一兩年來，思考的重點仍在世道人心的變動更移，一個人文學者，他的學問不應只是書齋的玄思，而當該回應社會的脈動，否則，僅是概念的思辨，而不是生命的學問。

台灣鄉土真的生病了，人文環保與自然生態，都出了大傷痛。由於兩岸僵局未開，存在處境充滿了不穩定感，房地產、股票市場，甚至幣值匯率，一直定不住。生於斯長於斯的台灣根土，因而動搖，搖擺在美加與紐澳之間。

而在民主化的過程中，法治觀念一直受到選票政爭的牽制，公權力、公信力在快速流失中，形成了官方民間的普遍無力感，而人總要活下去，不可思議的是，無力感的台灣人，卻一轉而為「力」的崇拜者。體力不足求藥力，氣力升高成暴力，黑道、黑槍、暴力、暴利，黑金就此連線，「黑」的印記總要清洗，不僅洗錢，還要洗人，從名利圈躍身權力場，官商聯隊就此逐步形成。

不過，暴力、財力、權力的爭逐奔競，畢竟有人算不如天算的變數，所以，人力之上另求神力，宋七力、妙天的神通法力，就此應運而生，福報不從德行來，而期求明牌靈異，「天地君親師」一體崩解，兩代隔閡，兩性抗爭，師道不傳，新新人類是受不了的酷，新女性也是冰封凍結，問題在，破冰解凍之道究竟何在？

重整世道，端在人心，宋七力少了三個力，此三個力都是心力，一在知識力，二在道德力，三在美感力，此有待認知心、德性心與美感心的充分開發，或許，這就是心靈改革的真正意涵吧！知識力讓台灣人站起來，道德力讓台灣人走出去，美感力則讓台灣人看得到，看得到才等得著，走過從前，而脫胎換骨。

知識力是ＩＱ，道德力與美感力是ＥＱ，前者是競爭力，後者是包容力。

台灣對外競爭力的世界排名大幅下滑，癥結不在競爭力本身，而在缺乏包容力，我們把競爭力在島內耗損，彼此抹殺，相互抵消。所以，重振世界競爭力之道，也在心靈的覺醒。

此朱熹詩句云：「半畝方塘一鑑開，天光雲影共徘徊，問渠那得清如許，為有源頭活水來。」一鑑開是心如明鏡，天光的善與雲影的美都照現吾心，而方正水塘得以清明長照，是源頭有活水注入此心。

這十篇文字，就是作者開發文化傳統的活水源頭，而引入時代脈動的心思結集。說是「生命的學問十講」，隱涵師門傳承的微意，牟宗三先生說中國哲人的學問，是生命的學問，而不是知識的學問，此「雖不能至，然心嚮往之」。問世道何在，曰：在人心的開拓。

八十六年十月序於中央大學中文系所

1

說世道

2

人生兩大要求：安全感與成就感

人總是一個個體，不過，若只是一個人，生命會很孤單寂寞，所以我們命定的要去街頭找朋友，找朋友建立人際關係是人生最大的事業，因為我們就在人際關係裡找到我們的成就感。我有好多朋友，人緣很好，聲望被接受的程度很高，這就是用成就感來換取安全感。有的人沒有朋友就會覺得沒有安全感，但這也是人生必經路。人際關係的主體是人，人不外乎人性，人性有兩大要求，一個是安全感，安全感的獲得靠家庭、靠父母，從小到大，父母的愛就是我們最大的安全感，家可以保護我們。而成就感大概是在街頭，和同學、同事、朋友相處，我們漸漸找到自己的成就感。對這兩者有時候我們是又期待又怕受傷害。

現在大家流行講酷。所謂酷是，你內心實在很想要、很在乎，是燃燒的熱情，但擺出來的姿態卻是冷漠，表示我不在乎，這叫「不在乎天長地久，只在乎曾經擁有」，新人類大概都是這樣，為什麼要在乎而又說不在乎呢？在乎的是我們的成就感，不在乎是因為害怕安全感受傷害，所以先擺出一副我不在乎的姿態。我想這就是我們建立人際關係的兩難。一個從學校出來的新鮮人，做人處世上自當採取一個學習的態度，那才是真正的成長，我們在學校裡學的是知識和理論，把所學的知識和理論應用到社會是要做個印證，所以一進入社會不要先想到自己能有多大的成就、利益，應該先想怎麼跟人家學習。進去跟著先輩、前人的腳步，讓他們的智慧成為自己成長的養分，這樣才是比較好的態度。我覺得一個新鮮人如果到了一個新的環境，感覺陌生，沒有受到照顧，那麼那個機構要負責任。

中國人有時候比較保守，同事有時想關心你或照顧你，卻不知如何表達，所以我們大概比較缺乏溝通的管道。另外有一種現象是擔心自己變成異類，同事都是男生，這時女生就像是一座孤島，一個人在那裡孤鳥單飛，我想針對這一點男士們還是需要一點體貼、一點照顧，體貼就是尊重少數族群，怎麼樣照顧他們，體會他們的感受，這是多數族群應該做的。

我講句很鄉土的話，我們應該跟他們「兄弟兄弟」，人際關係很重要就是要跟人家「兄弟兄弟」，跟人家「姊妹姊妹」，一定要能融入別人，成為他人的隊伍之一，人家就會開始接受你，就像註冊一樣，你加入他們的隊伍，就有團隊精神了。

接受缺陷　涵藏光采

我認為人是生來有缺陷的，人生命定是缺陷的，因為我是男人就不是女人，我念了國文系、哲學研究所，就不可能是電機化工、資訊企管，所以我們命定是缺陷，沒有人是十全十美，包括我們的命、我們每個人的際遇，所以所謂的完美標準不要放在自己身上，也不要拿來要求別人，因為你自己受不了，別人也會受不了。如果可以善用人際關係來結合缺陷，就是共同來完成彼此之間的美。這個美是我們之間的，不是你的，也不是我的。因為假定只是我的話，人家就會抗拒，別人會想，我為什麼要做你的後援會、做你的啦啦隊呢？若完美是我們大家的，我們大家就共同完美。所以從缺陷走向完美也許在這裡會有個接合點。

很多青年朋友，剛開始踏入社會都是充滿理想、抱負，但是後來就有重大的挫折感。有沒有可能我們先承認人是有限的，人間是有缺憾的，然後因為我們有此缺陷、有此遺憾，就剛剛好留了一點缺口讓別人可以進來。所以很多有缺點的人有很多朋友，因為大家覺得跟他在一起有安全感、因為不會被比下去，像我一照相，全部的人都擠過來，因為我真體貼，站在我身邊的每一個人都變得很帥、很挺拔。我想這個缺陷也就是我的優點，所以有沒有可能把自己的缺陷變成一個優點，讓別人願意跟我們接近，和我們站在一起有一個餘地。這樣儘管在剛起步時會有很多困難，但是若能改變一點觀念，可能路途會走得比較平順一點。

在我的人生哲學裡，人天生是不平等的，在出發點上就是不平等的。儘管很多媽媽要把最好的給兒女，不讓他們在起跑線上輸掉，但我們要承認人生是不平等的。我們是不平等的。我們所有的優勢，不管是比人家漂亮、比人家光采、比人家精明或比人家能幹，所有我們的優點都是會得罪人的，所以根本上我們要充滿抱歉的心情，因此我才會要求青年學生考第一名時要跟全班道歉，一定要說純屬偶然，請各位不要放在心上。

我們應該要收藏自己的優點，這個收藏不是不要，而是把我太精明、太鋒芒畢露的優點，變成是修養去體貼朋友，所以要把亮麗的光彩內斂涵藏。這樣就可以讓我們比較容易被別人接受。這一點不是不得已的妥協，而是人世間的道義或者說是江湖道義。**江湖道義就是不要讓所有好的事情都落在你一個人身上，一定要在自己的優點出現的時候，也盡快去開發別人的優點。**例如你國文考九十分，就要誇獎別人：「你數學九十五分哪！」要用這樣來回報對方，而且立刻讓他覺得他跟著你上升，或高你一等，他就比較有安全感，所以有沒有可能我們轉換一下，用開發別人優點的態度來對待，「開發」是我發自內心對朋友的一種回饋，一種體貼，這樣想我們就不會覺得很委屈，為什麼有優點一定要藏起來？就因為我比別人強？比別人強錯了嗎？事實上從人生哲學觀點來看，比別人強是錯的，因為壓迫到別人。所以我們是不是該很體貼而發自內心的把鋒芒收藏起來。

以成就感來換取安全感

你有沒有注意到？現在的弱勢團體都在示威遊行。弱勢團體應該是沒有安全感的團體，但他們的示威遊行就是要凸顯自我的成就感。用在街頭遊行的那種強勢姿態，那就是成就感，讓台北交通癱瘓，迫使別人受不了，那就是酷，酷到讓人受不了，這就是用示威遊行的成就感來補救自己弱勢團體所欠缺的安全感。所以基本上還是要讓每一個人有安全感。怎麼樣讓對方覺得自己是朋友、事業上的夥伴，擁有共同的美，是一個團隊，不是你，不是我，我的好不是威脅你，我的努力是增進我們這個團隊所表現出來的力量，給對方安全感以取得對方對我們的信任，這信任才是比較積極的人際關係，不然只是滿腹委屈，似乎是不得已的妥協，而把優點藏起來，但事實上內心就好像一個未爆發的火山在燃燒，才情被整個社會體制壓抑下來。

現在不是權威解體嗎？很多青少年及社會人士的幾十年壓抑瞬間爆發出來，所以社會變成如此亂相。有沒有可能我們不是壓抑而是轉化成我願意對你好，這是我對人間的回饋、對朋友的友誼、對同事的一種體貼，這樣不是光收藏自己，而是積極的去發現對方的長處，這樣你的好就不會造成對方的壓力，我國文九十分，你數學九十五分。如果我們換個角度說：「王教授你國文三十分」，我一定會說：「阮小姐你數學二十五」，這樣人際關係就一直往下掉，我們希望大家都是九十、九十五，而不是三十、二十五，這一點在交朋友、做事的路上是一個蠻決定性的關鍵。

我發現有很多所謂弱勢的人，譬如外表有缺陷，或在很多方面不能表現自己強而有力的人，其實是最可憐、最不被認同也最多壓抑的人，但你反而最容易贏得他們的友誼，像我在辦公室裡常發覺，大家經常忽略職位低的人，如清潔工或打字抄寫員，大家的眼睛只會看上面的長官，不會往下看。但我發覺如果你願意和弱勢者多說幾句話，關心他今天是不是生病或心情不好，他會非常感動，你很快就會贏得他們的友誼。從功利的社會來看，你的投資一點都不值得，因為他們不能幫你升官發財，但是這麼想是錯了，因為人間風水輪流轉，有些在你下面的人過了十年可能會在你上面，變成一個提拔你的貴人，所以永遠不要去輕忽你遇見的每一個人，因為這些人將來都可能贏過你，因為每一個人都有專長，可能在這個公司他無法發揮他的長才，例如在會計公司他的會計很差，但可能在公關方面他很強。所以永遠不要輕忽你周圍的任何人，特別是低於你的人。

人間行走首重道義

很多人跳槽就是在追求成就感，他覺得在新的舞台有成長的空間、有自我表達的機會。有人是以安全感為第一，就是在穩健中成長，在安全感中追求成就感。假如是我的話，大概會留在我覺得比較安全的地方，例如我就是一邊教書一邊唸研究所，用家教來貼補唸師大的學費，因為本來我當小學老師，後來去唸師大，家裡的經濟當然受到衝擊，所以我去當家教賺錢，唸師大也有獎學金，因此還可以寄錢回家，俗話說人往上爬，但是在往上爬的過程中，每一步都要先立於不敗之地，這才叫安全感。在轉換工作這個重大的過程中，不要把安全感交給別人，要自己負責，站穩腳跟然後才往上爬。

第二點我要提出來的就是我們要重視道義，例如我在小學教一年後考上師大，我要到師大讀書，家長跟我說：「王老師，你已經有學校可以唸，可是我們的兒子還沒有。」那時我教五年級，老師考上師範大學，學生正要升上六年級，我就盡江湖道義，休學一年把他們教到畢業再去上大學。例如我在淡江大學教書的時代，中央大學的校長來找我，想請我到中央大學教書，他的聘書在口袋裡放了三個月，咖啡喝了好多次，我一直不接受他的聘書。淡江是私立，中央是國立，一般說來私立大學教授被請到國立大學教書是往上爬，條件比較好。但我就堅持不行，因為當初淡江是無條件接受我，所以一定要校長張建邦先生點頭答應，我才接受聘書。這件事直到學期末我在一場學術研討會中發表演講，會後張建邦先生請我吃飯時，我當面跟他說我想要離開淡江到中央去，他思考了很久才同意，第二天我才接受聘書。所以我們對原來的工作單位，一定要有道義。假如我們離開原來的單位，千萬不要傷害原來的單位。假如你是這樣子，新的單位會覺得那一天你離開後，也會對公司產生破壞或傷害。我想我們做人是一生的，我們想要得人家的信任，就要加上一點感情、道義在裡面。

經營小家庭建立新親情

我很羨慕有的人可以有一個叛逆的青少年期，我成長的過程是，從前是對父母認命，現在是對兒女認命，好像我永遠是認同命運的人，不過我覺得這是我的驕傲。我們真正能跟兒女在一起的時間只有高中、國中之前，兒女在高中、國中時已經捲入升學主義的浪潮中，只有在幼稚園或小學的階段才是屬於父母，所以大家要建立一個觀念，親人在一起看起來是日久天長，但是其實很有限。所以趁著還在一起的時候趕快表達你對他的喜歡、對他的愛、對他的想念，不要錯過，時光不能倒流。不過，任何時候表達感情永遠不會嫌晚，畢竟親情永遠都在，只是我們沒有說出來，我們總覺得父母永遠在那裡，兒女永遠在那裡、人世間永遠不會改變，但事實上是會變的。

佛教有所謂的「無常」，所以在我們心裡邊要有個「常」來對應人事間的無常。我的常就是我永遠對我的父母兒女好，而且感激我的父母，珍惜我的兒女讓我可以愛他們。在我們付出的時候同時感激對方，不要在付出時覺得對方虧欠我們。如果這樣，愛會形成壓力，形成壓力後對方就會想辦法避開你的愛。因為你的愛，讓他這麼累、這麼苦，所以很多青少年害怕父母愛他，愛他就代表壓力。

所以一方面我們要把握時間，家還是我們最後的堡壘、我們的避風港、我們成長的基地，這是人世間永遠不能變動的地方，所以我們要用一點精力來經營它，經營大台灣也要經營小家庭，建立新中原，也要建立新親情。我想應該是要勇於表達感情，年輕朋友一定要記得擁抱父母，擁抱不是那麼難，嚐試再讓父母摸摸你的頭，你會有童年再現的感覺，讓父母覺得他永遠是父母，這樣就是最大的孝敬。千萬不要覺得，反正每天都一樣。因為我們的民族性比較保守，愛在心裡就是有口難開，所以我們的親人，父母兒女之間都很寂寞，大家都在等待，但自己卻沒有表達，接下來是假定如果我們都很叛逆，不聽父母的話，那麼是不是就會讓異性朋友覺得你以後的人際關係也會很差，就不能託付終身呢？

這裡我要為男生說話，因為男生在二十歲之前脾氣都很硬，但請不要忘記人會成長，剛硬的男生會漸漸柔軟，所以請年輕女生對男生有一點信心。儘管在那個階段我們有點叛逆，但人生的歲月很長，會有機會學習改變，這些人將來都會當父母，還是會一樣愛他們的兒女，所以要讓出一個空間，因為人會變，人會成長的。

社區是鄉土，鄰居是親人

人際關係要從自己的公寓住家做起。過去的人際關係排名都按照血緣或親情的親疏，例如叔叔、舅舅、姑媽、阿姨的親疏。現在該轉換個觀念由住家的遠近來看。住得越近的關係越親，因為我們每天都在這棟大樓、在這個社區，所以鄰居就是家人。不要只是眷念遠方的親戚，卻和每天見面的鄰居生疏，所以該以住家的遠近來付出關懷，而非以過去的老標準親情的親疏來看。這裡就是你的家鄉，我們要落地生根認同這片土地，認同我的公寓和大廈，這些一起居住的人就是我的親人，命運共同體即在此。

我的想法是，到了一個新社區後應該去拜訪鄰居，先不要進門去避免嚇到人家，可以在門口告訴對方「我是誰，正做什麼工作、家裡有幾個人，我們現在是你的鄰居。」「拜山」是指信徒朝拜聖地，現在則是朝拜別人的家門。一開始就能贏得鄰居的信任跟好感，我想這點很重要。我昨天住同學家，他在小學教書，住屏東。四點多他起床，我問他：「你這麼早起做什麼？」他說：「我起來掃門口的馬路。」現代人不把拉圾丟在別人家門口就功德無量了，他卻把整條街都掃得很乾淨。所以附近的人都對他很好，他說：「我的子孫將來一定很好，因為我善事做太多了。」我很喜歡這樣的心態，運動嘛！可以跑步就不能掃地嗎？同樣是運動，為何不能把感情融入在這個大街小巷裡，這是一種很好的轉換。

我們對父母要有禮貌，不過我倒不希望我的兒女對我太有禮貌，但不是沒有禮貌，而是不要太禮貌變得有點生份，我希望他們兩個跟我撒嬌，跟爸爸抱抱親親，說說心事。兒女在外面都對別人很好，回到家反而和父母處不好。碰到這些我倒要勸一些為人父母者，在子女不懂事時一定要覺得這是我們的榮耀，因為我們是父母，是孩子最後可以把鬱卒表達出來的一個地方。我們要想到，因為我們經得起他的無禮，因為我們是天地，可以海闊天空的讓他回來，讓他把外頭最難堪的一面在我們面前做一番宣洩、抒發，這樣可以讓孩子得到休養生息與平衡。

孩子在生氣不禮貌時就是生命力最弱的時候，千萬不要在這時責備他，這時反而要安慰他而不是責難，這就是包容。親人的好處就是在他艱難時刻要永遠接納他。這樣轉一個方向來解釋，做父母的在兒女不禮貌時就不會產生傷感，就不會覺得白疼他。某些時候可以讓兒女在我們面前表現他最弱的一面。但我們依然愛他，證明確實是天下父母心。

我覺得我們的人際關係不宜太複雜，人與人見面的機會當然很多，在每個不同的場合，我們當然願意去認識對方。聽人家說話、互相溝通，但往後彼此要在人生路上再見一面，恐怕都很難，所以要學習割捨，就像每本書都買就等於沒有買，因為不可能都看完，若每個認識的人都是兄弟、都是朋友，那是不可能。所以我們還是要承認生活是有限性，為什麼我們會喜歡參加同學會、同鄉會。因為我到那裡之後，初中、小學的生涯又回來，突然間又跟過去連上線，又跟成長的歲月走在一起。那種感覺很好，好像我們還沒有垂垂老矣。

跟小學同學講的話，一定像是小學生講話，像「你以前坐在我隔壁上課打瞌睡，被老師揍幾下還怪別人，跌了一大跤一路哭回家。」等等很快樂的事；初中回到初中的階段；高中回到高中的階段，我覺得這些是我們共同成長的朋友。共同成長的朋友就是什麼都可以分享、包括委屈、難堪都不必隱藏。在社會上你要維持自己的形象、自己的尊嚴、自己的亮麗光彩，但事實上人還是有軟弱、難堪的時候。這時候我們就需要有些共同成長的朋友，傾吐心事。我們回到過去的小學走一遭，國中走一遭，看看老師、看看同學，就會覺得自己沒有遠離那段歲月，這一點簡單地說就是不忘本，這樣的話，就不會覺得人生的路上很孤單。我們每天認識那麼多人，每個人脈都要去經營，漸漸的會發覺自己做不來。做不來，就會覺得人情像天羅地網般地撒下來，把你罩住，讓人掙脫不出來，這個會要參加、那個會也參加，到最後為了不想得罪人，你會變成唯一的受害者，所以該給自己一個原則，不要任何邀約都非參加不可。多參加父母的生日或兒女的生日，少去參加長官的生日。你跟對方說：「今天是家父的生日，所以你的生日我不能到場。」兒女比學生重要，兄弟比我外面的朋友重要，父母比長官重要，要先排好順序，才不會累。

朋友也要排好順序，老同學，幾十年的深交，那麼他的電話我一定要回，他有什麼事，盡可能參加。而有的朋友只是禮貌式的邀約，千萬不要當真，你真去了主人會受不了，千萬不要隨便給別人驚喜，你的驚喜會嚇死人。所以我覺得要深情也要割捨，自己要作一個拿捏。

解開自己的密碼

我們講到如何解讀人際關係的密碼，其實既然是密碼就很難解。這就是人間難解的一個課題，大家為了保護自己，所以就顯得莫測高深，如果讓人家一眼看透，就覺得自己輸了。所以與其讓人家花這麼多時間解我們的密碼，不如我們自己把密碼解開。交朋友若真要談心，就要用我的坦蕩、真誠去換取對方的坦蕩、真誠，讓對方也講出真話來，不然隨著時間一分一秒過去，大家只是白費時間。一個下午大家都講假話有什麼意思。如果講的都是真心話，幾分鐘的對話都很值得。

所以我倒覺得我們先解開自己的密碼，讓別人比較容易讀。此外，在跟朋友相處的時候，一定要把最好的一面呈現給人家，這是一種禮貌，我們以很端莊、漂亮的儀容很整齊地出現。這代表我這個人就是這麼清朗素淨地出現在你面前，這代表我對別人的尊重。所以當我開始講我的心事、往事或成長的艱苦、委屈時，是代表我把整個生命展現在你的面前，代表認識你是我重大的肯定。這樣做一定會引起回應，對方也將以真情和生命回應我們。

換一個角度來看，密碼就是以前中國人所講的「命」。每一個人不是一個命嗎？以前是「八字」，現在是「星座」，我時常在計程車裡聽到收音機裡青少年在說：「你是什麼星座，我是什麼星座，這兩個配在一起好嗎？換另一個星座怎麼樣？」其實人生沒有這麼簡單，我不太相信這種說法。雖然我的《緣與命》是暢銷書，但我是極度不相信八字、星座可以決定人一生。我只是要討論道理，最重要的是大家要面對面、心對心，真情對真情，然後做一個真人，千萬不要凡事先保護自己。與人交往時，不要把自己弄得很神秘，好像凡事不可言說。儘可能讓人容易了解自己。「相識滿天下，知心有幾人」，我們就是為知心活一輩子，儘管人間如此複雜，我們只要找到知心，就值得我們活一輩子，也許還不止一輩子，而是緣定三生，七世夫妻。

有時朋友之間難免會有意見不合，吵架或冷戰。若有一方惡意中傷對方，被中傷的一方是否需要出來解釋自己的清白呢？這是常見的事，我認為其實是不必要，因為對方心理不平衡，他認為過去那段歲月白陪你了。彼此做朋友的結果好像不是很理想，為了要彌補這段損失，對方就故意醜化這一段。

事實上這是很笨的方法，因為他把自己取消了。既然過去兩個人在一起的時間，最後變成不愉快的回憶，他就乾脆否定掉。這時，我們對周遭的朋友要有一點信心，都已經是這麼多年的同事、朋友，你是怎樣的人大家都清楚，不必急著解釋。而中傷你的人剛好失落那一段，受傷的人應該是他不是你。我的建議是不要解釋，但要讓自己活得很好，臉上常保笑容。

現在世風日下，人心不古，在欺善怕惡的惡劣環境下我們該有自我防衛的能力，自我防衛的能力不是封閉自己，而是不依靠別人。在人生的道路上就算只有自己一個人，也要想辦法活的很好。包括愛情都不能投靠，自己可以走自己的路，這在人生本是一個很重要的成長。我們不要投靠別人，依賴別人的喜歡、掌聲、喝采才能活的好，否則所有的喜歡，所有的想望都會變成弱點。人家可以攻擊你的弱點，你想要的，對方不給，你喜歡的，對方故意拒絕，所以我們要儘量避免被傷害的可能。

我的想法是我要的不多，甚至告訴大家一個**認輸哲學：天下都可以給你**。**我走我的路，對方就不能用天下來壓迫我**。愈喜歡愈在乎他，對方就用你的喜歡來壓迫你。如果我不在乎，而且走我自己的路，則我永遠不怕受騙或受害，這很重要。還有人問到身為主管該怎麼「識人」、「用人」，主要的關鍵就是你要看到他。

這話很玄，事實上，我們經常看不到別人，我們只看到自己喜歡的地方，很多公司、很多單位在徵人時就擺明了「我要怎樣的人」，不是要人才，只是選擇自己喜歡的人。若去掉自己的好惡、偏見、主觀及預設的立場，則我們可以一眼看到每一個人。如果你有預設立場，對方一定投你所好，因為他知道你喜歡怎麼樣的答案。學生很聰明，哪個教授出題，他就怎麼回答。到什麼公司講什麼話，有的公司是統派，有的公司是獨派。見人說人話、見鬼說鬼話，所以我們要先學會看到別人。

人間路上來來去去

所謂安全距離，比較消極的說法就是劃定一個界線，到此為止，我不跨過去。如果是同事關係，就純粹業務往來，公事公辦，絕不放感情進去，也不跟同事講心事，大家只是工作夥伴，這就是保持一定安全距離。現在是開放的社會，很容易認識許多異性朋友。然而我們要盡可能維持業務上的關係。感情放在家裡，公事留在辦公室，這樣比較安全。又以我為例子，我是一個公教人員，我的安全距離就是不幫別人家貸款、蓋章做保。我一保，我兒女的生活就不保了，我不做保人，除非保證的是學生的思想安全我才蓋章。因為我自我評估沒有那個能力，所以我就設限，我贊成保持一個安全距離。

與人交往有時是我喜歡他、他喜歡我，我愛他、他愛我。但是，人有一種第六感，你一定知道對方現在喜不喜歡你，我們就有那種能力可以感應，從對方的眼神及傳達的訊息中看見。假定對方現在對你沒有感覺，如果是我，我會立刻走開。

不過，這有一個前提就是，在你主動聯絡時，你一定要讓對方知道你是誰，也許他忘了，才沒有回應。打電話，要交代自己姓名、電話及關係，交代得很清楚，否則有的家人會過濾電話，免得你冤枉對方不理你。假若你覺得這是很值得交往的朋友，那最好用寫信的方式。現代人都太懶，讓感情隨著電話結束而消失，寫信是維繫人際關係很重要的一環，信可以很深入的表現我們的感情及尊重，所以重大的事情我都用寫信來聯絡，有沒有可能你們也改變一下方式，來與人交往呢？

人家寄喜帖給我，我不一定每次都參加，我不認為人家寄來我就一定要去，這是我的原則之一，我有心裡的標準，不要被別人牽制，不必一路很生氣的去，一路唱哭調回家。在講「廣結善緣」前我要先「隨緣」，就是不要用勢利眼看人，不要用互相利用的眼光交朋友，凡事隨緣。在成長路上出現的人，看得順眼，就是善緣。廣結善緣不必花很大的力氣，要像佛教講的隨緣。人間路上來來去去，可以如如而來，也可以如如而去，不要限制別人。這叫「真如」，自然就好。

不做小可憐，也不做大強人

事實上，我們還是在乎天長地久的。只是人世間天長地久，突然成為一種感傷，要避開恐怕很難。最好的同學畢業以後，可能一生都不相見，喜歡的人也可能離開人世間，這時就要來去自如。要變成「金剛不壞」，也就是佛教講的如來，如如而來如如而去，隨緣就好。人世間就是有這麼多的遺憾，所以在現在進行式的時候請你要抓得住，每一分、每一秒都是人世間永恆的剎那，不要輕易放過，但是未來不一定要必成、必勝，這個執著要能鬆動，佛教、老莊就用「空」、「無」來鬆動，很多事不在乎是因為不想陷進去會受傷害。要記住，擁有時是真的，失落時能看開點就不會受傷害。這樣我們就可以勇往直前，不怕遺憾，沒有人沒有遺憾。

在大環境中，有時你會不會覺得自己好無助，好可憐呢？這時為什要要承認自己是弱勢呢？我希望大家改變價值標準，例如：我很窮，連文具都買不起，但是我為什麼要把這樣的情形當成是弱勢？我們要堅強，不要接受流行的價值標準，不要讓自己成為挫敗的那一邊，我們要讓自己有一種自信，活得有笑容、快樂而且堅強，但也不是強勢，強勢似乎是去壓迫別人，我不想贏別人，不想打敗別人，但也不會讓自己落入很悲憐的處境，像小可憐。一定要讓自己走出逆境，拒絕別人的標準，就不可憐。

以最簡單的話來說，只要你能認自己的命，認命就是好命。人生最重要的不是去算命而是認命，認我自己這個人，反正不能換人，所以認自己，與自己同在，就是好命。第二，人際關係就是結「善緣」，很多人都在等人生中的法櫃奇兵、天降神兵。其實身邊的人就是我們一生的朋友，除了身邊的人你很難想像會再有那一個人與你相遇，與你同行，所以要隨緣。

2

說圓融

一般世俗講圓融無礙指的是圓滿和諧，好像是要犧牲原則沒有是非，或委屈自己討好別人的意思。圓融無礙，不是沒有是非，做個爛好人，這樣的圓融沒有意義，我們所講的圓融無礙是種修行的境界。這境界不是委屈自己去討好別人的人生態度，而是經過心靈的修養所達到的圓融無礙，我們能接受別人、肯定別人的好，且能諒解別人、包容別人的不好。前者是圓，後者是融，圓滿之餘，還得消融，不然，總是有礙於自我的開拓，與人我的交會。

無缺陷的人生藍圖、無對立的人生旅程

人生智慧一定是人生的修行，要有修養才有道行。佛就是「覺」，「覺」就是智慧，一定要覺悟才能大徹大悟。什麼是圓？就是沒有缺口、沒有缺陷的人生藍圖。什麼是融？那是沒有對立、沒有抗爭的人生旅程。一個是圓，一個是融，圓融就是無礙，把自己解消，讓自己融入，就不會產生障礙。所以，我們通過這兩個來講圓融無礙——沒有缺口、缺陷的人生藍圖，沒有對立、抗爭的

人生旅程。「圓」包含了所有的美好，「融」消除了所有的不好，二者交相出現，把不好的消融掉，好的才能圓成保有。人總要消融掉一些不滿，才能放鬆自己，才能夠引出人生的美滿。

今天的重點，不僅在於消融掉自己的不好，圓滿成自己的好；而且在於消融掉我們之間的不好，圓滿成我們彼此的好。是我們之間的，是大家一起的，如何來把我們的不好消融掉，把我們的好，同時成全，這才是「圓融人生」所蘊涵的重大意義。

現在流行說「酷」就是「魅力」，比如「受不了的酷」，便是指讓人承受不了的魅力，便具有其人生的優點和美好，「你好酷哦！」即在他的神情、形象、身材、眼光之中，散發出生命的光照和熱力，這些光照和熱力起源於他對人生的熱愛，影歌星的亮麗、光采，這裏面有感情、理想存在，那為何他的神情、眼光很冷呢？這便是兩極化的發展，最熱的用最冷的姿態出現。很酷的人是很有魅力、吸引力的，很有美感動感，必有其感動人的地方，但他要出於酷的形式，他本來很在乎，卻表現出不在乎的樣子；他有期待，但是又怕受傷害，所以把他人生的理想、情愛的熱力，冷藏起來，因我不在乎，所以我不會輸掉。

很多酷的人，他的心和情在這裏，但他不承認，他先讓自己置身事外，好像他處於人間街頭的人情之外，因這樣才是保護自己最好的方式。**最熱的情感用最冷的態度出現，這是在今天社會中，值得我們去深思的**。這代表了無法圓滿的憾，還沒開始，便已經結束。有如潘美辰唱的歌：「來不及變心」，感情在剛開始便立刻結束，不讓人有變心的可能，因為只有當下，只有這一分、這一秒，只在這一刹那間完成，不容許生滅在下一秒鐘出現。如是，人間的情愛變得多麼短暫，好酷哦！

但事實上，這些酷都是假的，外面越是表現酷，裏面越在燃燒，只是因為燃燒的結果，怕自己被燒成灰燼、灰飛煙滅，因此只得以酷的姿態來保護自己，搭建自我的圍牆，自己的城堡，重重把自己包圍住，不讓自己內在的熱力透顯出去。有如冰凍，冰封凍結，永不會壞掉，這叫「酷」。問題是，情也被封死，有如冰雕一般，美則美矣，卻嫌冰冷，誰來破冰解凍，讓真人真情，真相真話，重現人間呢？

殘而無障的客觀制度

圓融無礙的人生不是變成不可能了嗎？這一年我們的社會關懷是無障礙空間，就是任何建築物都要為殘障人士留下輪椅可以進出的走道，要有導盲磚來引領失明的朋友。有的人天生是殘障，我稱這是天地的缺陷，就好像天寒地凍、天殘地缺一樣，但我們不能聽任天殘地缺、天寒地凍來成為人生的障礙，要把天生的殘缺還給天地。人間最苦的媽媽就是生了殘障兒的媽媽，她總認為是自己的罪過，幾乎活不下去。去年有則新聞說一個媽媽生了腦性麻痺的孩子，幾年下來，病情沒有改善，最後她帶兒子走了，她自己也走了，永遠離開人間。我看了以後非常心疼，內心一直想整個社會和家族的救援團體，怎麼沒有保住這位媽媽和殘障兒呢？她的生路給封閉了，找不到她們母子可存活的空間，我認為這是社會的病痛。儘管天殘地缺，我們希望把殘缺還給天地，我們都沒有機會告訴這位媽媽這是天地的錯，不是她一個人的錯，就好像我們生病是代表所有的人生病一樣，所以我贊成全民健保，因為別人代表我們生病，我們代他支付醫藥費，這是天經地義的。

所以，我們一方面要把殘缺還給天地，一方面要彌補天地的缺憾，我們去做慈善事業來援救他們。這樣的話，我們才能讓殘障變成殘而無障，建立一個殘而無障的社會團體，讓他們有存活的空間，這是我們的社會團體、政府機構要做的事。他是天生殘障，是代表眾生殘障，不要再給他障礙，讓他可以在人間來去自如地行走，這才是一個理想社會。

我有個學生全身脖子以下只有左手兩個手指頭會動，脖子會轉，是重度殘障，因為她寫字像刻印，速度趕不上別人，所以考了兩三年才考上高中，後來又考上文化大學哲學系，現在在日本福岡九州大學的心理學研究所念博士。日本政府給她一輛電動輪椅，開關就設在左邊，這樣她就可以在福岡的大街小巷穿梭來去，另外日本政府也派兩三個社工人員輪流幫她清掃、做菜；她自己穿一件衣服要花一個多鐘頭的時間；有個晚上她幾乎凍死，因為她無法伸手去開暖氣；有次要去開學術會議，走到半路下大雨，她又不能撐傘，剛好那時路上沒有人，正是「前不見古人，後不見來者」，她就一路淋雨，「仰天地之悠悠，獨愴然而涕下」，一邊走一邊掉眼淚，又濕又冷的回到住的地方，她就這樣從碩士班念到博士班。

有次她要搭地下鐵，但發現月台在兩三層深的地下，根本下不去，便打電話給福岡的地下鐵管理局，說她想搭地下鐵，但電動輪椅下不去，管理局官員聽到馬上道歉說當初設計疏忽，沒有考慮到殘障人士，要她到地下道入口，於是四條大漢把電動輪椅抬下去、送她進車廂。然後再打電話到她要去的那一站，那邊又派四位接她出來，把她抬上去，送到地下道出口。那電動輪椅非常重，有次我到日本演講，和一些台灣的留學生去咖啡廳喝咖啡，咖啡館有階梯，台灣去的四、五位念博士、碩士的學生都抬不動，我趕緊下去幫忙，才知道有那麼重。我們要讓她來去自如，她殘我們讓她無障，消除她的障礙，讓她和我們一樣，電動輪椅就是她的腳，她有權利活下去，有權利交朋友、讀書，有權利隨心所欲到她想去的地方。

當她回臺北時，她也想搭火車南下，臺北火車站第一層有電梯可直達地底下的月臺,可是她無法上車站大廈,就打電話給臺北火車站站長,站長說:「我們很忙,你自己想辦法!」她眼淚差點掉下來,心想這是我的國家,怎麼日本人那樣待我,自己的國人卻這般待我!她在日本NHK的電視台所舉辦的寫作比賽得了好幾次獎,每次都上電視接受訪問。各位要知道日本人會做好事,但是他做好事又要人家肯定他是好人,喜歡被人讚美。電視記者訪問她:「你覺得在台灣跟在日本感受上有什麼不同?」在日本你怎麼說得出這麼明顯的不同!顯然他們在等著讚美,我的學生連續兩三年都拒絕回答。後來他回台北告訴我,她不能違背良心說話,但又不能在異國他鄉批判台北,問我該怎麼回答?我幫她想到一句比較含蓄的話:「我來到貴國感受到人情的溫暖,在我的鄉土,我們比較鼓勵大家自立更生。」這樣沒有違背良心,也對得起自己的國家。

通過她的切身經歷,我們來說無礙,她是殘缺的,我們要幫她消除障礙,來承受她的殘缺,有時天地也會做錯事,但是我們可以來彌補天地的缺憾。所以,不論當義工或從事慈善工作,我們一定要通過這個角度來思考,要消除客觀世界的障礙,不障就是無礙。

缺而不陷的心結化解

殘而無障之外，還要缺而不陷，這不是從客觀世界說，而是從主觀的心靈來說。主觀的心靈感受有缺，但不要陷落在自己的缺裡，儘管我天生殘缺，但我並不自苦或老覺得天地不公平。生命最大的難題是心靈的陷落，心靈陷落會關閉自己的心，別人的關心進不去，自己的愛也出不來，道家說這是「哀莫大於心死」，人生最大的悲哀是我們的心死掉了，這叫「陷」。所以儘管有缺，但是不要讓我們的心陷落在深層的悲哀裡。

我在民生報看到一則新聞，有個小孩叫劉子旗，他的臉因燙傷開了好多次的刀，整容都無法恢復從前的樣子。所以，媽媽就把家裡所有的鏡子都收起來，不然就吊得很高，不讓他看到他自己，怕他會被自己嚇壞。沒想到有一天，媽媽發現劉子旗站在浴室的洗手台上正對著鏡子看自己，媽媽在浴室門口一看嚇壞了，只聽得劉子旗說：「媽媽！我看自己也不會太難看啊！」這孩子真的是菩薩，他這句話救了他的母親，他媽媽總覺得是自己的罪過，各位都知道很多嚴重燙傷是因媽媽一時疏忽造成的，所以媽媽充滿了罪惡感，劉子旗說這句話拯救了他的母親，也拯救了他自己。雖然他有缺，但他沒陷落，他把自己拉了起來，同時救了母親、家人，甚至可能救了他的老師、同學，畢竟生命最重要的是人格、慈悲、愛心、尊嚴，而不是這張臉。

所以，圓融無礙同時包括殘而無障跟缺而不陷。首先不要讓我們的社會有障礙，所有的大廈、公寓、學校一定要讓殘障的人自己可以進出。第二是我們要自我救助，不要讓自己陷落在人生的缺陷裡。

與命同在，與緣同行

也許有人會問：那位重度殘障的學生她是怎麼走過來的？她唸文化大學時，教室在三、四樓，她的座椅是木造且要固定，身體才不會滑下來，兩三個同學要把她抬上抬下，甚至女同學也要訓練抱她上下樓，所以在四年裡幾乎動員所有同學才完成她在哲學系的學業。唸國高中時她很感傷，因為覺得活著好像是多餘的，不但是爸爸、媽媽的負擔，也是人間的負擔，死了才對得起所有的人。這是很嚴重的危機，後來她終於想通了，她想就算是完全健康的人也有殘缺，一個很傲慢、很虛假的人就有心靈的病痛，她認為心靈的殘缺恐怕比肉體的殘缺更嚴重。於是她接受了自己的殘缺，並認為這是她的一部分，認同這一生脖子底下就只有兩個手指頭會動，她就這樣地走過來了。

我們說人人都有缺陷，人間少有完美，要想沒有缺口、缺陷，就要靠主觀心靈的提昇，我們要有智慧把自己拉上來，不然每天都陷落，別人也救不了我們。在我們的缺陷感裡，人生有兩大難題：一是自身的命，二是跟別人的緣。這兩個決定我們的福報。**當我們解釋人生福報時，一個用命來解釋，一個是用緣來解釋。「命」是儒家的，「緣」是佛家的**，儒家說福報是因為命，一生下就這麼苦，這是命，所以也就放下了，原來福報是用命來定的，另一方面的福報則是從緣而來。所以，一個是由命而定，一個是因緣而起。

福報從德行來，讀書修養可以改命

什麼是「命」？我們天生就有命，父母生個命給我，這就是我的命，因為是父母給的所以我們就認了。我們會傷感自己的命不好，這樣就會變成一個障礙、一個陷落，陷落在自己命很壞的缺憾裡，如果不是這樣，那就不會有人天天去算命，看會不會改變命運了。我告訴各位，那是不可能的！我怎麼算怎麼卜卦也得天天去上課，所以命不是去卜去算的問題，要去認命，就會有好命。

命是父母給的，你說命不好，不就是說父母不好嗎？這樣會傷了父母的心，所以我們只好認了。我認我自己，我就會去認生我的父母，認我所生的兒女，人生一定要認自己、認父母、認兒女，這樣就會好命。不要說自己的命比別人差，只要認了命自然就會好起來。不認就沒命了，請不要去算命，而是要認命，認了以後才有可能的開端。改命不是找江湖術士改的，而是跟著師父、老師學習，接受教育，好好地修養、修持，才能真正的改命。

一般說命就是指**我們天生的氣質，我們的根器氣質決定我們的氣運**，天生不喜歡讀書，國中就開始流落江湖，走什麼樣的人生道路，在冥冥中就有定數，這是氣質決定氣運，氣運決定氣數，命的結果就是氣數，人沒做善事、沒慈悲心，臉上就沒光彩，印堂就會發暗，一般說印堂發黑就是氣數已盡。你如果有愛心、慈悲心，你臉上的神情就會不一樣，氣質、氣運、氣數也會不一樣。改命就是改變氣數，你要改變這個結局，就一定要改變你走的路，改變你走的路就要先改變你這個人。要怎麼改變你這個人呢？從修養、修行、修持上努力，改變我走的路就可改變我一生的命運，這叫改命。改命就叫福報，修養是德行，所有的福報都從德行來的。我們老是想去算命，看看有沒有較好的福報，若沒有去做好事怎麼會有好報？一分耕耘一分收穫，這是天條。

所以這些德行都要去行、去做，有道有德才能改變你的路，雖然命不好，我們也已經改過了，這樣就能無礙。我們天生的條件輸人，就用後天修行的德行來補福報，這樣才能天長地久。算命有什麼意思！很多算命仙都是天涯淪落人，他的戶口名簿都釘在電線桿，我們怎麼可以相信那個人會幫我改命呢？要不就和老師、師父學習，要不就修養或讀書，沒有其他的路可走。本來我們天生有缺陷，但經過修行，我們逐步走向圓滿，命就改了，改命就是福報，有德行才有福報。

現在社會的問題就是大家都希望福報從天上掉下來。我曾在半夜接到電話：「王教授，請你講兩個數目給我。」他是從屏東打來的，從台灣尾打到台灣頭，我問他要兩個數目做什麼？「明牌啊！」「我怎麼會有明牌？」「你不是寫緣與命嗎？」他以為我有神通，我沒有啊！我當然不說，他說：「不說就是零零。」你看連不講都不行，他說要去簽零零。我立即回應，那是你說的，不是我說的，我本來就沒有明牌。他這就是希望福報從天上掉下來。如果你做好人、做好事，福報自然會自己來，如果我們沒有那德行，再好的福報也承受不了。你沒有聽說不要讓別人拜，如果你沒那德行給人拜是會折壽的，好比我們本來可以活一百歲，被拜可能剩七十歲，再拜一次剩五十歲，所以如果他要拜，我們也趕緊回拜，因為我們何德何能。當人家的父母可以給兒女拜，當老師的可以給學生拜，因為我們真的用生命來生他、教他，所以可承受他的拜。假定沒有生他、教他，千萬不能接受禮拜。因為沒有德行，那可能得到那些福報？所以，請建立一個觀念——有德行才有福報。**但你要改命，要有德行，福報才能改過來，才不會覺得殘而障、缺而陷。**

緣空命不空，以命護持緣

決定我們福報的第二個因素是「緣」，佛教解釋山河大地、鳥獸蟲魚都是通過「緣」來解釋，說它是緣起的，緣起所以無自性，所以是空。我們的前半生和父母過，後半生和先生、太太過，父子是天生的命，夫妻是人間的緣，婚姻好不好與緣有關，有緣就會千里來相會，遇到誰就和誰過一生，所以婚姻一定是終身大事。但好人不一定有好婚姻，因為緣是外在的，在街上走來走去看對了眼，你看我順眼，我看你也順眼，於是情投意合，這就叫緣。但這個緣是在外面碰來的，並無自性，所以婚姻老是沒有保證，因為這是外面找來的。譬如去買股票，你很希望它得到支撐，只要漲不要跌，但股票是大家的，是「緣」

的事，大家賣就跌、買就漲，全是個心裡因素，由緣起而來，所以買的股票就無自性，你不能保證台塑、南亞或國泰華隆一定要多少錢，因為那是大家的事，所以緣充滿了不定感。命是定，緣是不定，人生只有走一條路，隨緣就是善緣。

前面講好命，這裡講善緣，善就是福報，福報和緣在一起，所以不要痴痴地等，一定要和緣走，如我們小時候上什麼學校，和那位老師、同學在一起，它就是最好的學校，他是最好的老師、最好的同學，你不要在這學校又看不起這學校，和這老師學習，又說也許好的老師在建中、北一女，不論你在那裡，現在和你在一起的人就是人生最好的人，你不要在先生、太太之外再想還有白馬王子或紅顏知己，這就是善緣。你隨現在的緣是善緣，跟不上這個緣就叫無緣，**隨緣是善緣，認命就是好命**。

本來命有缺陷，緣會錯過。你若認了命就沒有障和陷。緣抓不住，你只能跟著它，緣最大的難題是因為它會錯過，你跟著它就不會障也不會陷了。好父母、好子女、好兄弟、好家庭、好婚姻、好朋友、好同事、好社會，**只要和我們在一起都好，這就是隨緣，就是善緣。第一與命同在，第二與緣同行**，你要與你的命站在一起，就會好命；跟你的緣一起走，那就是善緣，這兩個觀念很重要。所以，我們的命、我們的緣也許有殘缺，只要你認命隨緣就不會障礙也不會陷落。

再解釋另一個觀念，緣起就緣生，緣盡就緣滅，這叫生滅無常。我們相逢在十八歲，這是緣，十八歲會過去，但不要怕，因我們的命不空，所以我們要用一生的命來護持、疼惜當初認識的緣，十八歲相逢的緣會過去，但十八歲過去還有十九、二十歲，每年都用我們的命來護持這個緣，一路直到八十，所以緣空而命不空。命就是定，兩個定的把不定的定住，兩個命可以把緣定住，才能一生一世。夫妻要長久不是靠緣長久，是靠兩個命好好地修行，先生修行，太太也修行，緣就能一生一世、天長地久，兩個不空的命把會成空的緣定住，緣不空叫「緣分」。「分」就是說你不空，我也不空，我們兩人共同擔負，不是只有「緣」還要有「分」。緣會過去，我們不要讓它過去，夫妻每天在家裡約會，以前都在街上約會，有時要等好久，現在每天都可在家裡約會，不要說面目可憎、言語無味，這是沒讀書的人才會這樣，你要來修行、讀書，那就會言語有味，這面目也就不是可憎而可喜可愛了。

這是人生的兩大殘缺，一個是天生的命，一個是人間的緣。命不好，緣沒有來，要有智慧不要障也不要陷，第一個你要認命，第二你要隨緣，**認命是好命，隨緣是善緣，命要運命，緣要緣分**。這樣殘的障，缺的陷就沒有了，人如果能這樣就較能平心靜氣，要不人生輸在起跑線，心裡就會很不平衡。

現在有的媽媽選擇時辰剖腹生產，除非是高齡產婦，我不相信這套，這是靠修行來的不是靠時辰，如果沒修行，再好的時辰也沒有好報。所有的好命從好人來，所有的福報從德行來，你給那小孩那麼好的時辰，福分太高也不是好事，除非你把德行補起來，要不然福分會壓倒我們。我們希望把殘缺感化掉，不然心裡就有怨，有怨就會苦，因為太執著就會有無常感、有分別心，和別人比就會有得失心，覺得自己輸掉，內心充滿了怨與悲哀，苦積太久就變成心結，心有千千結心就會痛，這樣的心痛我叫它癌細胞。假如我們心裡有癌細胞的話，就會把我們一生的幸福、健康與美好吃掉，殘缺就會讓你陷落，然後你這一生就不可能成為美好的人生。

所以我告訴諸位少怨嘆，與命同在、與緣同行，沒有怨沒有憾，沒有癌細胞，然後我們才有人生的智慧。這些心結是個毒，怨會讓你陷落，就好像被套牢，你就要解套解毒，怎麼化解？就是要認命、隨緣。儘管人生有殘缺，但我不障不陷，那就要靠我們自己的修行與智慧。不然的話，你會冷漠疏離，厭棄逃避，甚至自我放逐，成了局外人、異鄉人或旁觀者；更可怕的是會闖入另一個世界，如大麻、迷幻或幫會、黑道；再不就變成另外一個人，那是人格分裂。更嚴重的是，棄絕人間，去追尋天國，舍離此岸，而嚮往彼岸，不用心今生，而等待來生，這才是人生的大障礙、大顛倒。

從圓滿到消融

我們要追求一個圓，沒有缺口叫圓。老中少三代每天都回家相聚，很圓，但沒有擁抱、談心還不算滿，要擁抱才體貼，談心才會貼心，不是只有擁抱兒女，還要擁抱媽媽、爸爸，這擁抱叫體貼。體貼就是身體和他貼，兩個貼在一起，心也貼在一起跳動叫貼心，貼心後「圓」才有內涵，不然只有形式而已，我們的內心要滿滿的都是親情、愛、友誼，好溫馨好實在。滿滿的就是有笑容、有體貼、有貼心，能讀對方的眼神，讀你千遍也不厭倦，這樣就滿了。人生追求團圓，團圓不是說大大小小回來過年、過中秋、過端午節，但更重要的是圓了要有滿，心底滿滿的感覺才真正溫馨。

但滿就沒有餘地，就有排斥性，如客滿額滿，都塞滿了。滿了就不能再進來，所以圓滿好像很好，但「滿」也有後遺症，就是沒有餘地、沒缺口。人如果過分圓滿、完美不是件好事，如果沒有這德行、這分福報，你承受得了嗎？我們應該補上功德，福報才保得住，如果圓就沒有缺口，太滿就沒餘地，別人就進不來，所以孩子還沒回來就不鎖門，虛掩留個缺口，還留一盞燈，他才會覺得家在那兒。所以人生如果是圓就沒有缺口，別人就進不來；滿就沒有餘地，別人就找不到立身的空間。

舉例來說，如客人來我們家，祖母或媽媽有潔癖，來客走一步路，她就跟著抹一下，走到最後客人就不敢動了，客人才剛離開座位，她就趕快清掃，走到那裡掃到那裡，這不是掃地出門是什麼？所以客人不敢進去，有事情就站在門外講，因為她太喜歡乾淨就變成癖好，不能容忍別人。所以沒有缺口，人家就進不來，沒有餘地，人家就沒有立足的空間。好好想這個道理，人生不要太圓滿，我們不要讓自己那麼圓、那麼滿，留個缺口人家隨時可以進來，留個餘地人家才能與我們在一起。

從「圓」到「滿」，接下來要講「消」，「消」以後才講「融」，「融」之後再講「圓」，「圓」然後再追求「滿」，這樣才有內涵。不過，滿了以後就沒有餘地，志得意滿的人就會傲慢，就會給別人壓力。所以我建議很多當義工的人，最重要是要忘掉自己的「義」，不要叫「義工」，要叫「不義工」，不然會認為自己有修行又作義工，就會贏過別人、壓迫別人，因為你說自己是義工，人家立刻就會變成不義，就變成別人的負擔，所以我們從圓走向滿後，就要把自己的成就放下來，那就叫做「消」，「消」就是自我解消。你把「滿」消化了，就像胃吃了滿滿的食物，要趕快消化它，才會變成營養，沒有消化就會胃痛。人家說天妒英才、紅顏薄命，就是因為他太滿了。所以，以前較富有人家的小孩，一定要給鄉村人家做孩子，就是要把他的福消一點下來，不然有錢人家的孩子看起來是英才、紅顏，會遭天妒神忌。有的人常稱自己是鬼才，我就說我們只要人才就好；不要說自己好神氣，只要有人氣就好，神氣太高，鬼才又太過了，我們做人就好，我只是人氣、人才，這就是「消」。

所以什麼是最好的名字，「牛糞」最好，糞土沒人搶最安全，那叫做「消」，人生不要太滿，滿了就會太驕傲會太光采，光采、精明都會得罪別人，憑什麼我們比別人好？舉例來說，我常勸很多考第一名的人跟全班道歉：真不好意思，昨晚隨意讀讀都有讀到，老師出的題目都和我有緣，所以考出的分數才會高一點。所以消就是要忘掉我是第一名，成績愈好愈要謙虛，愈要對同學好，同學數學不會就教他做，這就是回饋、功德。第一名是有福報，但是要陪同學讀書才有德行，千萬不要自以為是第一名，這樣就太滿了，會引起同學的反感，這就是為什麼成績好的都很孤獨的原因。所以，做父母、做老師的一定要保護成績好的人，尤其是前三名學生，要讓他們有機會回饋全班、勞動服務，最好讓前三名去掃廁所，這樣他才能回饋，放下身段，這樣才能消，消之後人家才不會氣，自己解消後又融入圓，圓又可以滿，滿就要消，消又要融，融又要融入。

我們總希求團圓，不光是一種形式，而是人需要親情、友情，真實圓滿的感覺很好。但下一步趕快解消，不要得意忘形，不能太傲慢，要把你的好放下來，義工變成不義工，忘掉自己的義，忘掉自己的德，才能重新融入團隊中，不然你會愈來愈孤立。所以，圓融就是你的圓滿要消融，經過消融才無礙，又回到圓滿，不然就有礙。你要解消融入，才會與命同在、與緣同行。解消什麼呢？解消命的缺陷、緣的錯過，解消以後才會好好與家人、朋友在一起，要不然心裡有怨，你就會抗爭、對立而產生障礙，就不會留下餘地、缺口，別人就沒有空間可以進來，這樣怎麼可能圓融？所以圓融就是圓滿消融，就可以無礙。

假如我們沒有圓滿，說消融並沒有意義，說要放鬆一點，你都還沒緊張如何放鬆，如為什麼講老莊，是因為我們要做孔孟，老莊自在輕鬆，為什麼要自在輕鬆？因為要去愛人世間啊！孔孟比較莊嚴，老莊比較消融、自在，為什麼我們要讓自己輕鬆、放下來，因為明天要走更遠的路，我們要做好兒女、好父母、好先生、好太太、好同學、好朋友、好同事，所以要無礙，我們對別人的好不要變成一種障礙，**我愈放下我的好，就愈能看到別人的好**。我不說自己好，那麼兒女的好出來，太太的好也出來了，這樣才叫無礙，假如我一回家便在突顯自己的好，兒女和太太的好就出不來，這叫礙。我們的不好要改過，但更難的是要把自己的「好」放下，因為我們容易忘掉自己的不好，但很難忘掉我們的「好」。

無待就自在，無求就自得

平時我們都用「好」來和別人比賽，「好」是種力氣，我可以把別人比下去，你看小朋友講話，一個說我爸爸當警察，一個說我爸爸當醫生，另一個說我爸爸當工程師，工程師和醫生怎麼比呢？從這裡就知道原來人比較不容易忘記自己的好，我們的「好」就是人間最大的「礙」。所以如何把我們的美好、圓滿放下來消融，重新和所有人站在一起，不光是自己與命同在，還要消融，而與緣同行。與緣同行是與別人結緣，我們要惜緣，如果沒有消融，就很難融入，道家說放下叫「無待」，簡單地說就是不要等待，就是我不要名利、財富、權勢或身分、地位，這樣就可以讓自己過得更好。

現在的人都是有條件的，等我當總經理就好了，等我考上第一志願就好了，人生都在等待中過去，等到最後人變老。所以要得救就要解脫出來，不能陷落在條件的設定中。從這裡我們說人生就是要找到我們的「是」或「然」，「然」就是「是」，就是人家肯定我們。譬如人家如果說我們的不是，我們就受不了，我們最怕人家不以為然，怕人家說我們不是。那麼「是」在那裡？「是」在當下，當下即是，人生的美好就是現在，就在這裡，你不要等待明天、明年，你在開學中、考試中、讀書中，甚至在上班工作中都很好，這才是真正的圓融無礙。假如一直在等待下班放假就有「礙」，好像萬事皆備只欠東風，千萬不要等東風來，要當下即是。

第二個所在皆是，「所在」就是不論任何地方、任何時刻都輕鬆，就在此時此地，人生要無礙你一定要當下即是、所在皆是，不要說回家才輕鬆了，在路上也要輕鬆。道家叫自然，你的自然是自己如此；自然就是佛家講的如來藏自性清淨心的自性。你要靠自性，不要靠權勢、名利、身分、地位，否則就會有「礙」。你不靠緣就不會性空，所以是自性清淨心。人生無礙的最後希望就在自性清淨心，它是如來藏，如如而來、如如而去的寶藏，這樣的話，我們才能通過無待來思考這個問題，無待以後才會自在，就可以當下即是、所在皆是，人生雖然漫長，似乎也很坎坷、艱苦，但你的修養、修行無窮無盡，請給自己一個機會，現在就是，這叫頓悟，它是一生一世永恆的修行，但又是**每個當下的解脫，當下即是、所在皆是**。我相信這兩個意義同時存在，這一生一世就是莊嚴、是圓滿，每個當下的解脫是消融。這樣的話，在人生路上就可以一方面圓滿，一方面消融，就不會有障礙、有陷落，就可以直道而行。每個當下都是一生一世的承諾，我們對父母、先生、太太是一生一世，是每個當下都對他好，你不要說我一生一世都對你好，但每個當下都沒做。所以我們要一生一世，又要每個當下，一生一世總在分分秒秒中，天大地大總在家常日常中，一生一世的修行是在每個當下的解脫。

我想這是我讀中國古書用心去思考的一些人生問題，我以心得報告來回饋諸位，不然讀書也是罪過。

3

說生死

人生是如此短暫無常，在佛教來說，這叫生滅無常的世界。人生旅程生滅無常，但是我們又要來去自如，總不能因為無常世界裡有生有死，有生老病死、生住異滅，就覺得人生路走不下去了。

最後一關走不過

我特別要強調生死是個大關。我們一直都在過關，少年有少年的關，中年有中年的關，老年有老年的關，人生的關卡無限。像現在的國中生一個月不曉得要通過多少關，有時一天也要過幾個關。有一天我兒子放學回來，看他神情不悅，做爸爸的我便覺心頭沈重，問他怎麼今天臉上沒有笑容，你知道他怎麼回答我嗎？「一天考五科呢！你知道嗎？」底下再加一句：「你考考看！」這讓我對兒子更充滿了憐惜。

少年時要讀書、要成長，否則就過不了關。中年時要工作、要創業、要負起家庭責任，否則也過不了關。老年人則要過休閒關。如果退休了心情還放不開，還老是每天念著一大堆事情，還讓自己不愉快，那不愉快的結果是身體更不好，身體更不好，心情就更不愉快，惡性循環，這樣當然過不了關。但是，這些關都是小關，就像平時的小考，不是期末考或聯考，被卡住了沒有關係。也許有成敗、有得失，但是都可以平反。

「這次考不好，下次再考好一點。」這是我常和兒女說的話。孩子越是考不好，父母越要擁抱他，千萬不要因為考不好就把他推開，大罵著：「你還是我的孩子嗎？考這種分數還好意思回來見我！」而應該說：「沒關係，我們明天考好一點，我們晚上認真念。」父母要陪著孩子念書，所以晚上做功課要三個人一起做，陪他做。

一時之間通不過人生歲月的各種小關，也不要把它看得太嚴重，那都還可以挽回，還可彌補。人生路上的諸多坎坷艱辛都是小關，今年失敗，明年再來，誰規定我們人生的事情都要在今天做完？但是，有一個最後的關，是不能重來、無可挽回、無法彌補的。那就是從生到死的這一關。正因為這個最後一關無法重來、挽回、彌補，是永恆的大痛，所以叫「大關」。

人生要先站立起來，然後才可能開步行走。人生不是靜止狀態，不能永遠處在原地，一定要生動、要行走，一步一步往前推進，一路過關斬將。但是，有一關，我們是不能用站的或用走的去通過，那就是生死大關。

生死大關在我的解釋裡，有點像天文學上所講的「黑洞」。人我之間有個溝，我們可以搭一座橋走過去，但是，生死之間的溝，是沒有橋可以過去的，會一腳踩空，而掉落深淵。我們立足人間、行走人間，但是走不過生死之間的黑洞，跨不過生死之間的鴻溝。

所以，生死之間是要用飛越的，而不是用行走的。

給死去的親人一個家

我想，不管是哲學或宗教，一定會給我們一個眼神、一個眼光、一個眼力，給我們一個心靈的巨眼，讓我們用這個眼神、眼光、眼力去看世界，去看到世界。是看到哦！很多人有看沒有到。因為用肉眼看不到，要有那樣的眼神、眼光、眼力，以穿透人間的假相、街頭的迷霧，看到世界的真相、人間的真情。這是要有眼光的人才看得到，這叫「世界觀」。

看到這個世界之後，接著就看到世界舞台的主角──人，所以還要看到人，這叫「人生觀」。我們要看到人生的情趣、人生的生動、人生的美妙，否則人生會活得很苦，簡直活在苦海裡。在苦海裡，我們無可奈何，只好每天講：「少年吔，人生海海！」人生海海的意思是，人生是苦海，但我們要與苦海同在，千萬不要想逃開。逃開會更苦，所以只好認了，認這個海。

人生真的只是苦海嗎？生機、情趣、活力都沒有嗎？沒有才情、沒有氣魄、沒有魅力嗎？沒有兩性的相互吸引嗎？沒有兩個理想生命的相知相惜嗎？當然不可能，只是你要有那個眼光去看到。看到之後，人就會活起來，就會生發情趣有活力、有感覺、有感動出來。

然而，人生觀只看到從出生到老死的這一段過程，對於我們最親愛的人去世後到哪裡去了，我們竟然不知道，生死兩界永遠沒有給出任何訊息。從前有一個文人，得罪了皇帝要被砍頭，在行刑前他寫了一首詩：**「暮鼓咚咚打，夕**

陽西照斜，黃泉無客店，今夜宿誰家？」黃泉路上客行卻沒有旅店，此去永遠回不了頭，竟不知要身棲何處？這真是極大的悲痛。

嬰兒出生時，我們無限歡喜，但是親友離開這個世間時，我們悲不可抑。出生前我們從哪裡來？人死後到哪裡去了？這些問題人生觀是不說的。人生觀只負責從出生到老死。儒家、道家對生之前從哪裡來，死之後到何處去並沒有提供答案，我們只好去信仰佛教和基督教，因為佛教和基督教告訴我們生之前與死之後的世界。

對於失去父母的孤兒，我們安排他們在孤兒院；父母親都去上班的孩子，有托兒所或幼稚園可以代為照顧。我們上學受教育，出了社會就職、創業、結婚，每個人都有一個家可以回去，甚至無依無靠的老人也有養老院可以安享晚年。我們人生的最大心願就是，讓每個人都有一個家，讓全部的人都有所歸屬，有所安頓。

每個人都有活下去的權利，慈善事業、社會福利、義工志工的存在，就是要彌補天地間的缺憾。天地有殘缺，要由人來補破網。從出生到老死，我們的哲學，我們的眼神、眼光、眼力都看到了，也都安排了，但獨獨忘掉了給我們最愛的人在離開世間以後，有一個可以回去的家。

對於死後的世界，因為我們穿不透、看不到，所以會有無邊的想像、無盡的恐慌。我媽媽過世時，我最大的難題就是，她到哪裡去了我的哲學訓練不能解答我的問題。我的宗教信仰很簡單——我拜我媽媽拜的。因為媽媽生我，媽媽拜什麼，我也跟著拜。我們拜祖宗拜父母，因為我們的生命是父母、祖宗給的；拜老師，因為我們的修養、知識是老師教的。

到另外一個家去團圓

後來我接受民間信仰的觀點，人死後是到了另外一個世界，說它是陰界也可以。在另外一個世界裡，我們過世的祖宗、親人，都在那裡團圓，原來，我們是到另外一個世界去團圓，我們在那個世界裡有一個家。我們的親人在那裡有一個家，那我就安心了。媽媽走了，媽媽不會孤獨的，而且很重要的一點是，有一天我也會去那裡，去陪她。所以，因為媽媽的死，我開始變得不怕死。死有什麼好怕的？去陪媽媽有什麼好怕的？

人有時會問自己：為什麼媽媽過世了，而你自己還留在人間？我的解釋是，我通過媽媽來看自己，媽媽要他的兒子留在人間照顧她的孫兒，千萬不可以因為痛不欲生，就想要跟著她的腳步走。她絕對不希望她走了以後，讓孫兒女活得不好。通過媽媽，我們去體會她的心情，通過媽媽，回過頭來看我，我覺得更應該好好活下去，為媽媽活。

我們要給離開世間的人一個家，怎麼可以只照顧從出生到老死的人，而忘掉了離開世間的人？所以我們不能只講人生觀，也應該講生死觀。這個觀可以同時看到生跟死兩界。

希望我們的心靈巨眼、我們的慈悲心、我們的愛心，能同時看到兩界。不要生死兩茫茫，生的那一邊看不到死的這一邊，死的那一邊也看不到生的這一邊。我們希望生死兩安心，**兩安心即是我們要有「生死觀」，觀就是我們的觀點，我們的眼光、眼神，能同時看到兩界。這樣，死亡就不會是黑洞，就不會有無**

盡的想像、無邊的恐慌，如此就不會有生命的大悲痛。

但同時看到生死兩界並不是陰陽眼，生死觀可不是「觀落陰」，要把死後的世界，展現在每一個活著的人面前。也不是催眠大師把活著的人擺平了讓他回到前世，去探索前世的奧秘，試圖找到今生的出路。

報載有一個人在催眠狀態，走一段幽暗的路，沒有人扶持，沒有人保護，只有一個心理醫師或催眠師在旁邊，自己掉到一個無底的深淵，最深的地方。然後，催眠者問道：「你往外看，看到什麼？」被催眠者回答：「哦，看到一個人。」催眠者趕快暗示他：「那個人就是你自己，你看看你是誰？」被催眠者終於赫然發現五百年前他是印第安人。但是，即使知道了自己的前世，就能找到今生的出路嗎？你發現你五百年前是印第安人，你要不要回歸呢？是否今天就跟家人告別，說你要回去了，回到五百年前的家了？

所謂的生死觀不是這個，而是從人會死的觀點，回過頭看人生歲月的彌足珍貴，這就是一種人文觀點。人生就是一百年給你，你要怎麼分配呢？你的願望無窮，但是都要安排在這一百年內去做，這叫生涯規劃。「吾生也有涯」，人生若不規劃，將會錯過很多，失落很多，有規劃才能在最恰當的階段去擁有人生的美好。

用大願力來飛越

那麼，究竟生死大關要用什麼力量來飛越呢？要用願力來飛，要用修行、用修養、用功德、用功力、用法力、用智慧、用大悲心、用菩提心，只有這些才能讓我們飛越過去。飛越生死大關，不是小關，它不能挽回，不能彌補，不能重來。是永遠的有，或永遠的沒有。生是全部的有，死是全部的沒有。

我們都是有一點、沒有一點，得一點、失一點。人生得失是很難說的，你這邊比別人好，那邊可能比別人不好，你這裡得到，那邊可能失去了。但是，生死是全部的有跟全部的沒有，我們又不能用走路走過去，就只有靠飛越的。

飛越是精神的願力，這方面醫院也無能為力。我們生病的時候進醫院去看醫生，但醫院醫生並不能解決我們的問題。上醫院掛號看門診，醫生等不及你把症狀說完，藥早已開好了，三十秒不到。我跟醫生說加護病房幾號的病人是我媽媽，請他多多費心，然而在他聽來都一樣，只是眾多病人中的一個。我的心中大喊：「那個人是我媽媽啊！」但在醫生看來都一樣，所以我們對醫院品質的評價很低。醫院跟法院差不多，臺灣的連續劇只要演包青天，收視率一定遙遙領先，因為在真實生活中，我們看不到包青天。

我們的親人很少，誕生、過世或是生病住院畢竟少有，那種全生命的關心，大悲痛或大歡喜，我們還可以承受。但醫院裡都是生病的人，幾乎隨時都有人過世，假如醫生跟我們一樣在大歡喜、大悲痛之間擺盪的話，他的醫生生涯擔當不了兩個星期就垮掉了。所以醫生冷漠是對自己職責的保護。

想一想，假如別人所有的病苦都落在醫生身上的話，他要怎麼活下去？因此他只好宣告價值中立、生死中立。生死跟他毫不相干，生死不是醫生的事。醫生雖然宣告價值中立，但平均壽命仍比我們常人短少五年左右，這正代表了醫生為我們犧牲、奉獻很多，我們感謝醫生是應該的。

「藥醫不死病、佛度有緣人」，你要有痛感、有覺悟，佛才度得了你。許多迷戀的人、自以為得意的人，佛也度不了他。一定是你生命中承受了某一種痛，你才會有生命的覺醒，**覺悟是從大悲痛來的**。

假如我們對生死覺得無關痛癢，認為人生本來就是這樣嘛，就不會去關心生死的問題。只有對生命終極關懷的人，才會想到生死的問題。有生必有死，有起跑線一定有終點線，生是起跑線，死是終點線。那我們的哲學可不可能給我們一條不死之道呢？

儒家的不死之道在「生生」

儒家說不死之道在於「生生」，在生生不息。易經始於乾卦而終於未濟卦，八八六十四卦，周而復始，說明宇宙是一個永遠不會窮盡的歷程。宇宙的生命沒有起跑線，沒有終點線，它是永恆的，所以說：「天行健，君子以自強不息。」關於儒家的「不死」思想，我以三句話來說明。

敢問死，問錯了

第一句話是孔子的大弟子（年歲最大）子路所說的。子路是孔子弟子中最有英雄氣概的人，有一次他問孔子：「如何奉事鬼神？」孔子說：「未能事人，焉能事鬼？」孔子的意思是：「子路啊，你應該問怎麼跟人相處，怎麼愛父母、兒女，愛先生、太太，愛同事、朋友，怎麼會去問奉事鬼神呢？」孔子可能以為子路問錯了，而不正面回答他。

但是子路很堅持的，又追問：「敢問死？」子路認為人都會死的，死後為鬼神，老師怎麼可以拒絕回答有關鬼神的事？但孔子還是說：「未知生，焉知死？」

我舉一個例子，人生有生老病死，你會不會在健康時，每天去找各大醫院、各大醫生，以及這些醫院、醫生所看過的病人，去請教他們萬一你生病了，該建議你去哪一家醫院看哪個醫生？你會這樣做嗎？應該不會。

你會覺得死可怕，是因為你覺得還有很多事沒有做完，就像考試可怕，是因為你書還沒看完。假如今天晚上九點你就讀完了，而且開始看武俠小說，還看電視，並且放心大睡，我想，你明天早上起來一定精神飽滿，而且一本書都不帶，光帶一支原子筆就可以上考場。因為你已經都讀完了，誰怕誰？我們害怕死亡是因為我們沒有好好活，好多事情還沒有做，好多話還沒有交代，該說的沒有說，該愛的沒有愛，該給的沒有給，該還的沒有還，深感人生有憾。

別說人間的生離死別，就是寵物，我們也難以承受。我家有隻狗衰老過世前，我陪了牠三天，跟牠話別。牠是老死的，我沒有送牠去急救，急救只有增加牠的痛苦。牠過世後，我用我最喜歡的運動服把牠包起來，剎那間，我發覺再也不能擁抱牠了，想疼牠都不可能了，這是生命的痛感。

所以，不要問死了之後會怎麼樣，要趕快在活著時好好對待你所親愛的家人、朋友，把你所有最好的給他。這是儒家對於死亡很健康的一個態度，也正是孔子對子路說問死問錯了，人生問題不在死，而在生。

不過愛挑毛病的人會批評孔子在閃避問題，人家問他死的道理，他就說未知生焉知死，那當老師太容易了。學生問我數學，我就說：「未知文學，焉知數學？」學生問句：「敢問英文？」我就說：「未知中文，焉知英文？」那不是又把它撇開了。孔子並不是在閃避問題，而是斬釘截鐵說出了真正的答案。他告訴子路要轉移他的關懷與重心，重心應在於如何與每個人相處並好好愛他們。

臨終關懷也不應該只在臨終，而是要終身關懷。如果只在臨終才對他好，那大家都趕快終，趕快終就能趕快好。就好像很多人要趕快生病，一生病人家才會給他吃蘋果。所以老先生老太太到最後一步就是趕快生病、住院，因為平日健康時，兒孫都不理他，住院以後就全部趕來給他看。他變成了閱兵官，心中數著兒子、媳婦、女兒、女婿、內孫、外孫，統統來了，然後躺在病床上很有成就感。

死而後已，一生的生

第二句話是曾子說的：「君子任重而道遠，仁以為己任，不亦重乎！死而後已，不亦遠乎！」我們的生命是可以承擔的重，千萬不要把生命看成不可承受的輕。現在的青少年太輕率了，都沒有責任感，輕飄飄的在社會中隨波逐流。我常要求青少年要對爸爸媽媽負責任，不要把全部的責任都拋給父母親，他們太苦了，青少年要分擔父母親的責任。**人越有責任感，生命就越重，就越有重心，就會落地生根，這樣生命才不會漫無目的地流落、浮動。**

人生不必很偉大，在我的想法，愛父母、愛子女，就是我這一生的價值。我們實在是微不足道，茫茫人海，多一個我、少一個我，似乎沒有什麼影響；但是我的爸爸媽媽、我的子女一定要有我，我要為他們活下去，所以我就很穩，就變成重量級人物，有重要感。

這樣愛的路上，我們的付出、奉獻，我們的重要感、成就感，是一生一世的，到死的那一刻才停止。如果都給了，都愛了，都做了，都了了，都無憾，那麼死有什麼好怕的？一生好好的活，死亡的陰影就進不來。你每天都在奮鬥，每天都有突破，每天都有陽光，朗朗乾坤，又怎麼會想到死亡的陰影？所以，不僅是生，且是一生的生。

無後為大，再生永生

第三句話是孟子說的：「不孝有三，無後為大。」我們問生之前我從哪裡來？死之後我到哪裡去？其實，儒家也有答案。生之前我從祖宗來，死之後往子孫去。我的生命就在我兒子身上，在我孫子身上。生之前我的生命從爸爸媽媽來，爸爸媽媽的生命從祖父母來。死之後，我的生命往兒孫去，儒家只看到生命之流，一代傳一代，永生不滅。

在儒家眼裡看不到死亡，有一點像大隊接力，一棒接一棒，代代相傳，我們的家族永遠在這裡，這叫生命的長流、歷史的長流、文化的傳統、家族的綿延，永遠沒有斷過。

我知道我會老，甚至有一天我會死，但是我生育一對年輕的兒女代表我再活一次，這是生命的奧秘。所以，我媽媽在世時我告訴她：「你不要看你自己，要看你的兒子，不要覺得你老了，沒有體力了。假使你覺得你兒子還不夠年輕，就看你那八個孫子，剛好站一排，他們都是由你來的。你生我們，我們再生他們，才有這些孫兒女，他們的身上都有你，他們就是你的化身。」是呀！永遠不會賠本的，兩個人變成幾十個人，所以不光是一生一世，而且還是生生世世。儒家便是用生生世世來化解人有生必有死這樣的難題。

我覺得我自己並不重要，我的重要在於我的父母和兒女。所以，我不問前生，我只問我的父母；我不問來生，我只問我的兒女。因此，我的了三世因果就是孝順父母、慈愛兒女。

從三世因果來說，前世與今生連線，前世的因，結了今生的果，前世的業，今生來報。如果你關心你的來生，那麼今生就要種善因、積善業，來生就可以結善果得善報。不管是前世或來世，下一世的由這一世來決定，**所以整個生命的重心在今生今世**。

我把三世因果的道理，做一個哲學性的分析。通過因果業報來看，有前世有來世，但都在今世；前世的在今世報，來世的由今世決定，所以，都在今生今世「了」或「修」。前世來世畢竟渺茫，父母兒女總在面前，你怎麼會看不到眼前的父母兒女，而要去問渺茫的前世來世到底怎麼樣？儒家的代代相傳，這在我的說法叫「三代傳承」。用「三代傳承」消化「三世因果」，這樣佛教的道理跟儒家的道理可以統會，而不會有偏頗誤導。

道家的不死之道在「不生」

人為了求生，反而掉落死地

接著再來看看道家的說法。道家的不死之道在哪呢？道家的不死之道是道家的智慧。另外，道家的經典所帶出來的道教也講不死之道，它是用肉體的修煉，用練氣、煉丹、打坐、吐納等方法，試圖找到不死之道，但從來沒有人成功過。

我們現在所提的不死之道，並不是指道教的煉丹、練氣，希望白日飛升羽化成仙那樣的不死之道，而是人生觀的突破。哲學的智慧是可以飛越生死大關的智慧，它的不死之道在於「不生」。這是道家和禪宗的高度智慧。

我引用一段老子的話來解釋：「出生入死。生之徒十有三，死之徒十有三，人之生，動之死地，亦十有三。夫何故？以其生生之厚。蓋聞善攝生者，陸行不遇兕虎，入軍不被甲兵；兕無所投其角，虎無所措其爪，兵無所容其刃。夫何故？以其無死地。」

人生是什麼？從生中出來，回到死裡去，所以叫「出生入死」。但後來我們都把「出生入死」當作人生的奮鬥，冒險犯難而無所畏懼，這已遠離老子的本義。這個世界生死是自然，每一秒都有人生有人死。我媽媽住進馬偕醫院五樓的加護病房時，我常常要守在病房外待命。很巧的是，加護病房同一棟大樓的另一端是產房，晚上我留守時，剛好就睡在加護病房跟產房之間的長廊。

有一晚大概是凌晨兩、三點，突然間，緊靠在我身邊的兩具公共電話以近乎高頻率而不同的聲音在我耳邊同時響起，「爸爸媽媽，慧君生了，生男的！」「大哥，你們趕快來啊！爸爸不行了！」一個發出生的訊息，一個發出死的訊息。原來，人生是從這一頭走到那一頭，這就是出生入死的真實寫照。我在那一晚大徹大悟，可惜我沒有出家，不然世界上又多了一位大禪師。那種內心的衝擊，簡直無可言喻。

每一分每一秒都有人生有人死，就好像每一秒都有花開花謝。花開花謝，有生有死，這是很自然的現象。老子要討論的是人為的造作。人為了要活得更久，活得更好，而做了很多不必要莫須有的動作，結果卻適得其反。本來可以很自然的活一百年，結果卻只活了五十年，甚至只有十五年。

「夫何故？以其生生之厚。」為什麼呢？只因為營養過剩，養尊處優，保護太過，成了溫室裡的小花，禁不起人間歲月的考驗。為什麼人為了活更久、更好，反而活得更不好、更短命呢？這是因為「人之生，動之死地。」本來是為了生，卻掉落到了死的地方。譬如明天要聯考，晚上就緊張得睡不著覺，結果，第二天進考場卻昏昏沉沉，甚至睡著了，多冤枉！

道家認為順乎自然，死也是生，葉落歸根，瓜熟蒂落，回到大地，新生命又在泥土間生根萌芽，茁長壯大，還開花結果，這樣，死是新生的開端，而人為造作，卻適得其反，反而走向死亡。

儒家講生生是一直生，一生的生，一代一代的生。老子的生生是說我們對生太執著，太人為造作，做得太多，保護太過了，所以生生是痴迷熱狂的意思，這和儒家的說法恰好相反。老子認為越想活長久，越活不久長，越想活得好，越活不好。

因為你的想要或預期，就形成我們生命的壓力，可以被打敗的弱點，就好像武林人物練金鐘罩的功夫一樣，把全身弱點集中在一處神秘的處所，那叫罩門，如此全身刀槍不入，有如一座金鐘罩住護身，不過金鐘罩住全身，豈非窒息，故留下罩門，做為通氣孔，而此一罩門，即成全身最弱的所在，人家可以攻入的痛處，故一碰觸，生命就被打垮，非死即傷。

路上不遇凶險，心中沒有死亡的餘地

「蓋聞善攝生者，陸行不遇兕虎，入軍不被甲兵。」善於護持生命的人，在陸地上行走不要碰到猛獸，兩軍作戰不要被兵器砍傷。進入有危險性的地方，就很可能會受到傷害。譬如，你不買股票就不怕跌，手中有股票，心中無股價，就不會受傷害。

股票市場有人在炒作，散戶一定被吃掉。散戶就是大戶都走了，還在那裡散步的小戶就叫作散戶。因為大戶要走是不會通知散戶的，到最後被套牢的都是散戶。散戶知道自己一定會被吃掉，為什麼還要去買呢？或許有人買了股票意外發了大財，那是靠不住的，為了投機賺大錢，有時候會賠掉家產。

在陸地行走不要碰到猛獸，兩軍交戰不要被兵器傷到，這是養生之道。但是，誰來保證絕不會碰到呢？萬一你碰上了呢？就是有可能碰到呀！你說：「為什麼會是我呢？」可是，偏偏就是你呀，就是你碰上了。

「兕無所投其角，虎無所措其爪，兵無所容其刃。夫何故？以其無死地。」所以問題轉到即使你不幸遇到了獨角獸，但牠的角卻找不到可能衝刺的地方；不幸遇到了老虎，老虎的利爪也找不到可以抓傷的地方；上了戰場，面對刀光劍影，但在你身上找不到一個可以砍殺的地方。為什麼呢？因為你心中沒有為死亡留下餘地，死亡就進不來。

我們不執著生，死就不會來，因為死是跟著生來的。我們希望自己大，才會嫌自己小，我們希望自己長，才會嫌自己短。我們熱切盼望自己大，就會每天處在小的恐慌中。有的人患了懼癌症，沒有癌症也疑神疑鬼認為自己有癌症，三天兩頭跑去找醫生，告訴醫生自己一定有癌症，只是醫生沒有檢查出來而已。這種人因為害怕癌症，所以一定要每天看醫生，回家才睡得著，這叫有死地。他心中每天為死亡留下餘地，所以每天都想到死，每天都被死亡壓迫著。

置之死地而後生

老子先說「不遇」，再說「無所」，因為不遇有待幸運，而沒有保證，所以，要有「無所」的修養，不僅不要碰上凶險，且是沒有處所可以被打敗。我不執迷，不熱狂，不痴痴的等，就沒有被傷害的痛處弱點。有所就是有榮耀高貴的地方，不過也同時承擔風險，因為會「失其所」，會痛失榮耀高貴。老子要我們「無所」，沒有你的想要跟等待。無待就是無所，不等了，不盼他了，就不會有「失其所」的恐慌，所以老子說：「不失其所者久。」

莊子有一段話，更耐人尋味：「大塊載我以形，勞我以生，佚我以老，息我以死。」造化以形體來乘載我，以生來勞累我，以老來給我休假，以死來讓我安息。似乎有一生命主體的我，超然在形體的生死之上，原來生死只是形體的轉化，生也天行，死也物化，這是多大的達觀，人走完一生行程，揮手自茲去，不帶走一片雲彩，而等待另一段旅程的展開。

我可不希望自己長生不老或是活到一百二十歲，活那麼老有什麼好呢？看也看不到，吃也吃不下，聽也聽不到，想也想不出，回憶也回憶不起來，何苦呢？所以，不執著長生，就不會覺得死亡是一種壓迫，這正是以其無死地，也可以說是置之死地而後生。沒有死亡的陰影，才能在每一分每一秒裡全然的活，自在的活。

我有個韓國學生來臺灣念博士，念了好幾年還沒有拿到學位，他每次跟我走路都落後我一步，肩膀垮垮的。我請他走到前面來，跟老師並肩齊步，不要因為自己還沒有得到博士學位，而讓自己矮了一截，讓生命沒有光采。假如你在開始談戀愛的時候，就擔心愛情會不會變質，甚至消失，這種愛情就沒有愉悅可言。

人世間或許無常，但是我們仍然可以在生滅無常的世界裡來去自如。道家的不死之道在於不生，後來的禪宗也有割捨的剛猛。生可以不要，死就不會來。一個連生都不要的人，連大盜都不能威脅他，他不怕死，黑道看到他也拿他沒輒。黑道的「大尾仔」就是最不怕死的那個，原來不怕死都可以成為黑社會的老大。

不要什麼都想要，考試一定要考第一名、成績一定要最高。成績偶然考最高，都應該要跟全班同學道歉，跟同學告罪這次考得這麼好，純屬偶然，只是剛好昨天晚上開夜車，「好死不死」自己念的老師都考出來了，請大家不要見怪，然後深深一鞠躬。這樣才能跟同學處得好，讀書就不會有壓力。

考試的時候，再也沒有誰比上一次考最後一名的人更放得開，更沒有壓力了。他在應考時可以隨意的寫、揮灑的寫，因為怎麼寫都不會再多一名，再掉一名，這也可以說是置之死地而後生。

我師範畢業，在小學教一年書之後，去報考師大，緊急準備兩個星期赴考，結果考上了。能夠考上是因為我可以考不上，因為知道自己只唸兩個禮拜而已，很可能考不上。但萬一考不上，我還是喜歡我的小學老師生涯，而且我的學生才五年級，要升六年級，老師最好把他們帶到畢業。所以我就很輕鬆的準備，剩下兩個星期就兩星期，沒有念完就沒有念完。結果，想不到不想考上反而考上了。

你知道自己什麼時候會打出全壘打嗎？當你不想打出全壘打的時候！為什麼呂明賜沒有打出全壘打？因為他每天都想打出全壘打。下一場出賽如果他一直告訴自己：「我不一定要打全壘打！我可以不打全壘打！」很可能就會打出全壘打。當然世間事有那麼容易就好了，否則全部的教練只要告訴球員，大家都不要打全壘打，那一上場全壘打就會源源不斷而來。所以還是要靠長久的堅持跟苦練，放鬆自在只是最後的臨門一腳而已！

臨終關懷，「極」來陪伴送別

哲學探討「終極原理」，問最後的真情，最高的理想在那裡？一定是最高的，才能是最後的。找到了最高的，就可以安身立命，不用再去尋尋覓覓，天涯行走。所以，人生兩大終，一是「終身大事」，一是「臨終關懷」，一定要得到「極」的支持，才可能是終身的情愛，與最後的送別。人在「生」的最後時刻，一定是最愛陪伴他，親人圍繞身邊，送他走完最後一程，他就可以無憾安心，且最後不僅醫師護士退出，連親人最愛也退出，而由最高的宗教來接引，是神父牧師，或法師道士，以最高的天道來引領最後的行程，在生死間過渡，或許這樣就可以生死兩安心了吧！

我說得那麼悲痛，是希望大家有痛感，那麼這個講題才會活起來，不然就成了風涼話。大家要有發自內心對生命的關懷與感受，真情實感跟悲情痛感，這樣生死智慧才會開始臨現，才會進入心中。希望大家都能把這樣的智慧帶給我們的家人、朋友，最重要的是留給我們自己。真誠而坦蕩的面對有生必有死的存在處境，才會珍惜這一生，把握這一生，好好的活出自己的人生行程。

4

說宗教

今天我談宗教與人生是回應臺灣社會脈動，因為宗教已經成為我們最焦點的新聞。社會脈動在宗教問題，但是宗教問題是要解決人生問題的，所以我們希望把它落實在今天的臺灣社會，共同來關懷我們的問題。

儒門自信與佛家自在的交會

日前達賴喇嘛來臺灣訪問，當然成為一個重大新聞，因為大陸不希望李總統出去，那麼李總統就讓另外一個重要人物進來，效果一樣。那天我印象很深刻，看電視新聞報導，李總統破例到台北賓館門前迎接達賴喇嘛的到來，兩個人一見面立刻手拉著手。我不知道諸位有沒有注意到這個鏡頭，手拉著手，緊緊握在一起；一見如故，好像是幾十年前的老朋友一樣，且一路並行進入大廳。我們在電視上看到，兩個人的笑容很感人。我看了這麼多年來的新聞報導，那天李總統的笑容最感動人，很真實，很飽滿。達賴喇嘛的笑容很自在，李總統的笑容很自信。我相信李總統的笑容是代表臺灣的，達賴喇嘛的笑容是代表西藏的，臺灣的美好好像就在李總統的臉上，西藏的希望就在達賴喇嘛的臉上。因為李總統是基督信仰，達賴是佛門修行，這是兩大宗教的會面。當然我寧可說是儒教跟佛教的會面。李總統是我們的政治領袖，他應該代表幾千年中國的文化心靈，中國文化心靈當然是以儒家為主導，所以我認為這是儒跟佛的對話跟會通。

本來我對達賴喇嘛來訪，深深不以為然，而且還說灌頂。這對於身為臺灣鄉土的讀書人而言，內心是充滿感傷的。為什麼中國人都要外來的宗教來救我們，這個是中國讀書人幾千年來最大的一個難題。我們要嘛成為佛弟子，要嘛成為基督徒，那我們的儒家、道家呢？孔子教給我們的，老子教給我們的，就不能解決我們的人生難題嗎？不能給我們未來的前景嗎？當然，我現在只是說我的感情，絕對不是在理性面對宗教問題時應該有的思考，我只是說做為一個中國讀書人，我們畢竟有這個心結。

不過後來看了達賴喇嘛一路走來的情景，他避開台北，而從高雄入境，且立即禮拜佛光山——朝山，代表對中國佛教的尊敬，並發表談話，說：「中國佛教是大哥，西藏佛教是小弟。」我很喜歡他講的話。他的灌頂法會，他的弘法講經，一再的說他是平凡的人，說所謂灌頂是應主辦單位要求。然後無拘無束、自在天真，我覺得在他身上我看到老莊，所以統稱「佛老」，精神一定是通的。他又到輔仁大學去訪問，代表對天主教、對基督徒的一個開放的心胸，也就是說各大教是可以對話、可以會通的。

這整個發展，讓我打消了一點憂心、一點傷感。達賴喇嘛這個人出現在臺灣土地上，我覺得對臺灣所有學者、所有修行人是一個很大的啟示。這一點，當我們談到宗教與人生的時候，我覺得我們應該從這個問題來思考。我先講這個比較高層次心靈的展現。

內聖外王是中國知識分子的宗教

因為近年來宗教成為我們最熱烈的新聞，就是有宋七力分身顯像的事件，然後有妙天禪師出售蓮座的事件，最近爆發的是太極門養小鬼的事件。怎麼會這樣？我們不是從中原到廣東、福建嗎？不是從廣東、福建到臺灣嗎？幾千年的文化不是被我們的祖宗帶到臺灣這塊土地嗎？怎麼整個民間信仰以如此的面貌出現在我們眼前！這個時候，我不只是傷感，且是沮喪。你跟誰說我們有幾千年文化！怎麼會出現這樣的一個民間信仰？

從這個地方，我要告訴諸位，我們真正的宗教是儒教，儒教的內聖外王就是中國知識分子的宗教。我們是今生今世救人，中國哲人非常斬截，不講前生，不講來生，就是這一生，不預留退路；人生所有的美好，我們的可能空間，就是在今生今世。今生今世救人，只有靠什麼？靠政治，靠教育，靠文化。

幾千年來，我們從來沒有把希望放在民間信仰，那個只是民俗活動，鄉下叫「吃拜拜」、「做鬧熱」。世界上有這種宗教信仰嗎？一個老阿媽帶她的小孫子，到關帝爺或是媽祖前面去拜拜。你知道她怎麼祈禱的嗎？她說：「菩薩啊！媽祖啊！關帝爺啊！我孫子不喜歡讀書，但是你一定要保佑他考第一名。」天下有這種事情嗎！但是阿媽就可以講出來，阿媽好像比媽祖還大。她擲筊杯，看神明是否同意。擲下去，兩個筊杯向上，就叫笑杯，神明覺得好好笑：「你這個阿媽這麼幽默，孫子都不讀書還希望他考第一名！」問題是阿媽堅持。因為拜神明，擲筊杯，從來沒有限制多少次，她一直擲下去，讓神明受不了，兩個筊杯向下，就是我不好意思看你，這叫哭杯，神明感到很悲哀：「你怎麼會有這樣無理的請求呢？」未料，阿媽還是不死心的，她可以從清晨擲到晚上，誰怕誰。最後，按照數學或然率，總是會出現一個向上、一個向下的組合排列，這叫如你所想的想筊。

諸位想想看，這哪裡是祈求、禮拜，這個是交辦，就好像人在下條子，要媽祖、土地公幫他做事一樣。所以顯然的，宗教精神不在民間信仰，而應該是在教育、文化與政治上。

幾千年來，中國讀書人傳道、授業、解惑，一定要考科舉。為什麼要考科舉？因為只有進入政治，你才有機會救國家。諸位知不知道，中山先生是不做醫生去當革命家的。為什麼當革命家？因為一次救四億五千萬，你當醫生一次救一個，他要當全中國人的醫生。所以政治是我們宗教精神的凝聚所在。

我為自己找到一條出路。今天臺灣宗教出問題都是民間信仰出問題，它本來就是問題，我們從來沒有把心思放在這上面，心思一定是在政治、教育、文化。那為什麼以前都不出問題，現在出問題呢？在我們鄉土，都是沒有工作的、什麼都不做的人才到廟裡去的，那個好像是演野台戲的地方，大家去那邊閒聊、喝茶、下棋的地方，有一點像是民眾服務中心，就像一個休閒的老年公園。那為什麼以前不出問題，現在頻出問題呢？因為我們的政治、教育、文化出問題了。

譬如教育變成升學主義，學生變成考試跟讀書的機器，所有的老師束手無策。整個文化，在萎縮中，為什麼萎縮呢？因為只能講臺灣，不能講中國。這沒有氣魄、沒有空間，文化就不能感動人。而政治落在派系之爭，黑金官商成了最大包袱。所以原本我們宗教精神所在的教育、文化、政治，在衰退在萎縮中，所以民間把希望轉向民俗信仰，當民間把希望轉向民俗信仰的時候，民俗信仰原來的那個病痛立刻爆發。

民間信仰少了三個力

我不傷感民間信仰出問題，我覺得宋七力還有一點良心，他不大說假話。刑警大隊要他發功，他也發功了，但是幾條刑警大漢不為所動，他只好宣布破功，他立刻承認他是假的。而且宋七力取名叫「宋七力」，是代表對熊十力先生的尊重，這是他自己說的。他讀過新儒學大師熊十力先生的書，所以他自己只是宋七力。萬一他自稱宋十一力，那我們都受不了。

顯然這民間信仰就欠缺三個力，一個叫知識力，一個叫道德力，一個叫美感力，剛好是真、善、美。這是人類文化心靈最高層次的表現，民間信仰完全沒有這三方面的自覺。所以只好說什麼本尊可以分身，說什麼蓮座可以庇佑，然後養小鬼可以纏人，把人間最卑微脆弱的一面，就在宗教裡面暴露出來。

我把宗教事件做這樣陳述，來了解為什麼民間信仰在臺灣會出了這麼大的問題。關鍵就是那個代表幾千年文化傳統的在教育政治那樣內聖外王的奮鬥，在今天的臺北街頭不見了。所以民間信仰的比重分量才會大增。這是大病痛，什麼神怪靈異、奇門遁甲啊，都是淺薄的功利主義。

當然在這些宗教事件裡面還有一點也值得我們反省，就是中台禪寺青少年集體出家事件。這個事件，在我的想法，它的嚴重性超過宋七力，超過妙天禪師，超過太極門，因為民間鄉土的民俗活動，畢竟熱鬧有餘而莊嚴不足，缺乏文化心靈的自我覺醒，而大學研究生，是新生一代的知識分子，他們要擔負承先啟後的重任，怎能學業未成，而率爾出家呢？孔子說：「三十而立，四十而不惑」，他們人格未立而生命尚且有惑，怎能做出這麼重大的決定呢？

家門香火與師門薪火的接續永傳

中國有兩把火，一把火是香火，因為我們從「家門」出來，這個家要永遠綿延，這是幾千年中華民族神秘的力量，所以我們一定講文化傳統、講家族傳統。我們一定講我們的祖籍、講祖宗的家鄉，我是哪裡人，因為這是我生命之所從來，所以我們一定拜祖宗。第二把火是我們從「師門」出來，這個叫薪火，薪火就是師生的傳承，你是哪一個老師教出來的，這個叫薪火永傳。香火要永傳，薪火也要永傳。

怎麼樣讓香火跟薪火可以合一呢？不要因為你找到弟子出家了，而他的香火就傳不下去了。你延續了薪火，但是熄滅了香火，這是中國人的大痛。所以佛門修行理應跟儒門倫理一起並行，這叫儒佛兼修。我為了把這個問題突顯出來，我才這樣解釋。

諸位知道弘一大師出家，我們到大陸去都會到他的紀念館參拜致敬。實在是很動人，你看他寫的書法，就是一種修行。在一個大熱天，看到弘一法師的書法，立刻清涼。我們就知道，一個人的修行，可以連他的藝術、音樂、文學跟書法，整個的道行就在那個地方，因為修行可以透過作品來展現他的境界。

他三十九歲出家，四十歲受具足戒。但我要說的一句話就是，他是做了所有的家以後才出家的。他當然是文學家，是藝術家，是音樂家。另外，他出家是為了救中國，好感人啊，你看他寫的字，「殉教」之外，是「唸佛不忘救國」，他出家是為了抗日，所以外加革命家，全部的家做完才出家。然而我們的青少年出家呢？大學研究所沒有畢業，學業猶未成，怎麼可以率爾出家呢？

就是賈寶玉出家，他也要拜別母親的。他一生最討厭科舉，他看不起八股文，但是他還是去考了一個功名回來，用這個功名來還報父母。某一天傍晚時分，爸爸從京都回來，船就靠在河邊。突然間賈寶玉出現在他的面前，穿著袈裟，披著斗篷，看到爸爸立刻倒身下拜。爸爸說：「你怎麼來這裡呢？」一句話不說。拜完之後，旁邊出現一僧一道，說：「塵緣已了，可以走了。」就把他帶走了，消失在冰天雪地中。

紅樓夢，大觀園破了，夢也該醒了，賈寶玉只有出家一途，但總是拜別父母，還報一生養育深情，考一個科舉，讓這個家有一個最後的希望。所以可見出家是一件大事。

我看現在青少年，整個社會太沒有趣味了，大學校園也沒有吸引力，人間街頭沒有吸引力。少年成長已無典範，政治人物捲入流派紛爭，老師只管升學率，父母忙著打拚，所謂「天地君親師」，天、地大家不說了，君、親、師都不能成為典範，大家流落街頭。到最後，我最擔心的，會不會出家變成是人間最後的浪漫？好像救國團的戰鬥營，救國團的登山隊，不再吸引他們了。

宗教是要救人，但是宗教也可能成為我們的傷痛。你看美國天門教教徒，集體自殺，說彗星來接他們到天國去，我相信耶穌基督不是這樣的意思。

所以今天我們希望通過儒佛兼修，通過宗教的現象，我們來解釋人生的問題。你一定要讓人生可以安身立命，你一定要讓他的生命有一個出路、有一個理想、有一個情意，走向未來有一個前景、有一個希望；不然的話，人生前進無路，那我們怎麼能夠說青少年出家是傷了父母的心呢？

以儒家三代傳承消化三世因果

就儒佛兼修的立場，最直接的思考，是用三代傳承消化三世因果。《前世今生》大暢銷，不光是《西藏生死書》，還有《生命輪迴》。前世決定今世，今世決定來世，這是因果業報的關係。這樣的哲學，老實說很理性的，沒有靈異，沒有神蹟，人生完全自己負責。我種的因我自己要承受它的果，你的業你自己要承受它的報，因果業報都在自己，不要怨天尤人，不要祈求僥倖。今天我們所有的就是在承受上一世自己所留下來的，那麼下一世你要有一個未來的藍圖嗎？好！這一世請你好好修行，就可以勾勒出來。這樣子的詮釋觀點，我覺得很好，佛門是非常理性化的。

問題在，我們立身臺灣鄉土，有自身的文化傳統。說我的前世決定我的今世，我的今世決定我的來世，大家自己負責，不要怨，不要有憾，不要抗爭，不要決裂，因為那是你自己帶給自己的。這樣的說法接近我們儒道兩家講的命，運是由命而來的，命運有如業報。只是「業」是上一世留下來的，而「命」是上一代傳下來的。

我的省思是我的前生、我的今生、我的來生，都只有我，好像人生只有自己。但是人生路上，我們最愛的人是我們的父母跟兒女，我不能安的就是我的父母跟兒女，不是光我啊！像我讀書，我的老師很重要，我的學生很重要，這個就是薪火要永傳；我的父母很重要，我的兒女很重要，香火要永傳啊！

人生很簡單，小時候為父母讀書，現在為兒女讀書；小時候為老師讀書，現在為學生讀書。我一點都不會覺得有存在的迷失或是有價值的失落，也不要去感懷什麼為誰辛苦為誰忙。為了父母、為了兒女，我們都認了，叫認命；認祖歸宗，認文化傳統，認幾千年。在三世因果裡面，都說我的前生，我的今生，我的來生，我就想，那我的父母、我的兒女呢？我沒有反對的意思，我剛剛一直說這樣的哲學不講靈異也不講神蹟，每一個人都是自我救贖，我們真的是要自救，自己承擔，自己救自己，這是很東方式的宗教精神，儒、道、佛三家並行。但是唯一的問題就在，為什麼只是我呢？

今生、今世有兩大事要做，第一大事要了前生，一定要了，不然那個業總是在那裡，那個因總是在那裡，你一定要了，用果跟報來了。人生要了前生，那怎麼樣了前生呢？不必通過催眠。怎麼了前生？孝敬父母。人生第二大事，你要修來生。怎麼修來生呢？教養兒女。臺灣鄉土說我們的第二代叫「後生」，我是今生，我的兒女是後生，那我的父母呢？先生啊。原來了前生就是孝敬父母，修來生就是教養兒女。這樣的話，我們本土儒家三代傳承的倫理，不就可以跟佛教三世因果的說法會通了嘛。我們從來不想去動搖佛門的基本信條，他們對三世因果這樣的解釋，我們沒有質疑，但是我要用儒家的三代傳承來消化佛門的三世因果，絕對真誠善意的。

佛陀跟孔子，這兩大教，儒家的倫理跟佛門的修行，是可以融會的，是可以貫通的，幾千年來中國人就是儒道會通。你看我們的知識分子，治國平天下是儒家，退朝以後，立刻寫田園詩、畫山水畫，山水田園就是道家的心靈境界，很自然哦。治國平天下，一肩擔當天下安危，但是回家的時候，他變成老莊的美感心靈。所以儒家的德性心跟老莊的虛靜心，幾千年來道並行而不相悖。我們通過儒家，通過道家，來接引佛教進入中國。為什麼佛門可以進入中國，因為它跟儒家、道家的精神契近。那我們可不可能由儒道並行而走出一條儒佛兼修的文化心靈。

我通過出現在臺灣民間鄉土宗教文化現象的病痛，反思整個政治、教育、文化在現代化社會的一種萎縮衰退，由此來思考人生問題。同時通過青少年出家事件，也希望能夠來回應儒家倫理跟佛門修行，如何可以融會，如何可以兼修的可能性。

開宗立教——宗主天上教化人間

我們再回過頭來看所謂的宗教，我一直沒下定義，因為我不是研究宗教的學者，我是比較人生關懷的，希望用傳統的智慧來解答當代的迷惑和困苦；這樣的問題，也不是我來解答，是讓我們的孔孟老莊來解答，讓四書五經來解答，讓道德經、南華經來解答當代中國人的問題。在我的說法，這叫千年功力走過百年人生，不然大家都受苦受難。我們可以把幾千年的智慧，來支持我們走這條百年人生的路。

所謂宗教，用比較常識的語言來說，我認為這叫開宗立教。宗主在天上，教化在人間，宗教一定要究天人之際。

宗主在天上，這代表我們對無限的嚮往，也許是佛陀，也許是基督，也許是孔子的天、老子的道，它是代表一種無限精神的空間、價值的天地、心靈的宇宙，我所謂的出路是指這個，你不能光看現實功利，所以宗主一定在天上。

第二個要教化在人間。宗主在天上叫「仰」，教化在人間叫「信」，信是從我們內心，不管佛陀或基督，直接進入我們心裡。好像一個大使館一樣，我們心裡面就有天道進駐我們內心的代表處或大使館；天理在我們身上，人人都是天使。那為什麼教化在人間呢？因為我們的精神、心靈是落在這個有限的身體裡面，所以宗教一定要同情人的有限性。莊子很簡單的講一句話——「吾生也有涯」，此生有限，佛教講生、老、病、死。

所以宗教從「宗」來說，「信仰」的「仰」，我們是要與天同在，一定要跟天道同在，你要心中有基督、心中有佛陀、心中有天、心中有道，吾心有道，吾道不孤，你一定要有這個。我想李總統說的心靈改革應該是指這個意思，不然心靈怎麼改革，又不是政治革新，又不是社會改造。政治社會可以改革，心靈怎麼改革？心靈是你有沒有的問題，你有沒有心的問題。什麼心？基督的心，還是佛陀的心，孔子的仁心，還是老子的道心。沒有這個心，就是今天我們的問題，我們要給出這樣的心，這叫宇宙情懷。不是說我們到全世界各地去投資，就有宇宙情懷。宇宙情懷是承擔全世界全人類的苦痛，那樣的悲情痛感才是所謂的宇宙情懷。

此外我們又面對人生，你看那幾個綁票的人，「怎麼會做出那種傷天害理的事情呢？」白冰冰直接喊話，問他的母親——「妳這個做媽媽的，怎麼生的三個兒子都做壞事呢」，這是公開責難，「怎麼妳生的兒子來傷害我生的女兒呢！我們都是媽媽啊！」此心同，此理同啊！但是從另外一方面來說，人會做這種事情，這是人的有限性，這是人生的悲苦。所以我們一方面要有人生悲感，對人可能墮落、人可能出錯、人可能犯罪的有限性，要給出同情。這叫人生悲感，另外一邊叫宇宙情懷，要關心全球未來的前景，統合起來叫悲情。

與天同在、與人同行

悲情應該從這裡來說，不要光講臺灣人的悲情。我們希望我們的悲情是宇宙情懷跟人生悲感的悲情。為自己悲，為天下人悲，人生苦海，做人太難。所以我們在「宗」這邊是與天同在，在「教」這邊是與人同行。

這一點，我相信做父母、做老師的人都會很有感受，我們就是陪他成長，陪他走出人生的路。你要與他同行，儘管他會犯錯，他不大用功，他有時候還會做一些讓我們傷感的事情，但是他就是我們的兒女，他就是我們的學生，就是我們的新生代，我們將來靠他們！人生悲感，你怎麼樣往上提呢？通過宇宙情懷來提升。

所以宗教要救人，一方面同情人的有限，一方面又把有限的人帶到無限的路。太史公說：「雖不能至，心嚮往之。」這就是我們傳統的聖賢，人人皆可為堯舜。儘管人是有物欲的，人是會往下掉的，我們有一個形而下的器在那裡，但是你可以形而上者謂之道啊。

與天同在，與人同行。我們所仰望的是上天，但是我們所行走的是人間。那人間怎麼辦？教育它啊。它有弱點，但是你教養它，用教育來扭轉。所以我特別說，中國人講認命，講知命，講立命，也講安命。而整個世俗民間祈求的是改命，真正幫我們改命的是學校的老師。我奉勸當代人，老師就是師父，學校就是道場。一個孩子跟老師學習，在學校長大，他一生的命運從此改觀，這是「宗教」的「教」。

所以我們儒家最符合宗教精神的就是它總在教啊，連皇帝都教。我不能當聖君，但至少我當賢相，我當太子的師傅，為國家培養領導的人才。在他的童年，我讓他內聖，等他成年以後就可以外王，那不是全天下得救嗎？堯舜再出現的時候不是中國的太平盛世嗎？

正宗大教──超越精神與軌道倫常

我們要讓臺灣民間了解一個道理。儘管大家都來開宗立教，但是我們還要分判什麼是正宗大教，不然到處都是民間信仰，每一個住家公寓都可以成為一個神道的場所，所以我們一定要分判什麼是正宗大教。

我用牟宗三老師的定義來說，第一個是開啟無限向上的超越精神。超越精神就是天道、基督、佛陀，一定要有這個。給明牌的那個不是，說可以幫人家改命的那個不是，因為改命只有通過學校教育，只有通過你的修行功德。

第二個，安頓人間社會的軌道倫常。你一方面要啟發引導他向上超越，一方面給他軌道倫常。所以講五倫，也可以講第六倫，講第七倫，甚至可以講第八倫。親親、仁民、愛物，沒有這些，等同無政府狀態。李總統、連院長都說大家都有責任，臺灣治安大家都有責任，這誰不知道，但是你要把教育、文化跟政治讓它重新提振上來，大家才有責任感、使命感。中國的土地上，政治不行、教育不行、文化不行，我們就沒有希望。因為我們是靠儒教，靠政治、教育、文化，來教化人間，來安頓人間社會的軌道倫常，這叫安身立命。如何讓每一個人在一生的苦難當中，他仍然可以安身立命？不然的話，人間注定飄泊。我看楊子專欄寫「自我放逐」，他當然是反諷的。今天知識分子要自我放逐，這算什麼世界。

這是牟先生所下的兩個定義，正好回應我講的宗跟教。

另外，英國有一位哲學家懷海德，他說宗教是：「藉信仰的力量，淨化內在的心靈。」原來整個信仰就是淨化我們的心靈，一方面積極的開發人的終極關懷，又積極開發我們的情意跟理想。生命一定要有情意跟理想，情意才有熱力，理想才有光照；情意是動力，理想是方向。人生就是要有方向跟動力，問題是方向、動力從哪邊來？從天道來，從仁心善性來。所以是藉信仰的力量來淨化我們的心靈。

第二個意思是消極的，就是你要清除心靈中的塵垢污染。你要「時時勤拂拭，莫使惹塵埃」，你一定要誠意正心。沒有誠意正心的話，宗教信仰的儀式誡律都沒有意義。所以各教都講靈修，我特別把它說成「文化心靈」。文化心靈裡面有儒、有佛、有基督、有道，這個就是終極關懷。

但是畢竟宗教還是給出一個人世間最後的保證跟最後的防線。它的保證跟防線在那裡？我說儒道兩家好像不能夠稱為我們的宗教，當然跟我們的今生今世這樣的一個很斬截的人生價值觀有關連。我覺得最大的問題是，儒道兩家從來沒有給出「生之前我從哪裡來，死之後我到哪裡去的解答」，這個是最大的難題。所以我們沒有看到牟宗三教授生前募到什麼款，來實現他想成立「中國哲學研究中心」的願望。當代儒門大師，世界級的哲學家，因為沒有給出來生，沒有給出彼岸淨土跟天國；你講的只是今生今世，治國平天下，內聖外王，修己安百姓，只講心安理得、理直氣壯，但都是今生今世的；你的浩然正氣還是在天地間，但是今生今世的天地間，通不到生之前，通不到死之後，這是我們最大的難題。

今生今世的再生與永生

生之前，我從哪裡來？依儒家而言，我從我的祖宗來。死之後，我到哪裡去？我往我的兒孫去。從世代傳承看，沒有人死亡，只是再生。我的祖父母在我身上，我的父母在我身上，我的生命在我兒女身上，我兒女又有他的兒女，這是中國人的永生。我們是在今生今世裡面再生跟永生，我們這樣才能夠理解為什麼死亡不成為中國人的陰影。

老先生、老太太自己去看墳地，自己還買棺木，而且還睡幾天看看，他總覺得要適應一下，很達觀呢。以前我在文化大學教書，交通車裡面七十幾歲算年輕的，像我們這些三、四十歲上下都趕快躲到最後面，整個交通車都是前輩先生。你知道嘛，講話無比豪邁，見面第一句話：「你怎麼還沒有死！」對方哈哈大笑幾聲，也做出回應：「哪裡那麼容易，我等你啊！」滿車都是笑聲。像這樣看破生死的人生智慧是幾千年的。

為什麼我們可以沒有後顧之憂呢？因為老師的生命在學生的身上，父母的生命在兒女的身上，生命總是會往下傳，不管它是香火還是薪火。我們哪裡只看自己？我們每天看兒女。不然的話，中年已經面臨美好不再的危機了。我們要看我們年輕的一代，他就是我們的希望。

透過我們的傳統，來解釋生之前跟死之後的問題，答案還是在今生今世的世代傳承，宗教是最高的希望、最後的防線，因為它一定要保證好人有好報，我無以名之叫「天條」。所以股票市場的投機炒作，是觸犯天條。我算是老頭腦，在今天這樣的社會還講出這麼不上道的話。就連國民黨黨產都進入股票市場，有閣員還是大戶，你還在這邊講這個什麼話。不過，一分耕耘一分收穫，這一定是天條，所有的福報一定是從德行來。

就算是你了解易經，也最好不要卜卦。荀子就說了：「善為易者不占。」因為卜卦，你要測吉凶，而吉凶是福報，你怎麼可以直接把福報給他。所有的福報，請還給德行。由易經到「易傳」是重大進展，儒家轉而用善惡來講吉凶。假定沒有善的支持，就算吉也是不長久的，你承受不住的，你沒有那個命。我們會有一點福報，是得到我們德行的支持，所以我們心安理得，而且還理直氣壯。

今天的社會。直接求福報，求明牌，找陰神，看看誰給我蓮座保佑我，誰可以分身發功，給我功力，希望天降神兵跟法櫃奇兵，都是神怪電影看太多的後遺症。宗教是最高的希望也是最後的防線，永遠保證好人有好報，所以一定要給出最後審判，一定不是不報只是未到。

而儒家就是，我在今生今世讓所有的好人得好報，這是儒家精神。所以它一定要內聖外王，一定要教育，一定要政治，一定要文化，一定要「道之以德，齊之以禮」，一定要「為政以德」，一定要「文質彬彬」，而且還要「知我者其天乎」，講天人連線，引導天下人往天道的路上走。

福報從德行來的天條

所有的福報從德行來。假定我們的政務官，盡心盡力為國家做出對應問題的決策，開創未來的前景，那薪水是應該增加的，因為薪水待遇代表福報，人家的德行已付出那麼多的心，那麼多的關懷，整個心思、精力都在政策的決定上。整個輿論反省就是，決策了嗎？連要不要吃豬肉都要總統說話才算數，他吃了，大家才吃。臺灣怎麼會有競爭力？臺灣的競爭力是靠兩千一百五十萬人，不是靠一個人。所以我覺得很簡單，競爭力就在那邊往下滑，沒有分層負責，沒有分工合作，沒有團隊精神。

儒家的道德是好人不求好報，這樣好像很難說服社會大眾。所以我現在要說儒家本身是不為好報做好人，因為做好人的本身就是最大的福報，就是目的，不是我做好人是為了得到好報。儒家的德行很斬截，他不講好報。所以宋明儒家對佛有一點不以為然，就是因為你的做好人是希望得好報。不見得啦，高僧大德還是為天下人、為眾生的，他才不為自己。只是說，你要做說服世俗的人，你要用功利來吸引他，所以說：「你要好好修行哦，你信佛、念佛才會得好報。」事實上真正的用意是要他做好人。儒家是不為得好報做好人，內聖外王的理想，讓天下所有好人得到好報，所以連儒家的天條，依然是讓好人有好報，這才是社會正義。

假定這個社會好人沒有得到好報，決策高層就對不起這個社會。尤其像我們做老師的人，一定要讓最用功的同學得高分，學生才會願意用功讀書。假定可以猜題，老出考古題，老師又不用心看考卷，這怎麼可能鼓舞學生用功讀書，而且不只讓好學生得最高分，還要把分數拉開，我分數是從五分、十分一題一題給的。有一回通識課程，一個機械系的學生修我的老莊哲學得了十分，還好我考卷都保存了，他跑來問我：「老師！我看你是不是少了一個零？」這個學生得十分，還不曉得死活，還敢來問我是不是少了一個零。我說：「是啊！少了一個零，是左邊那個零。」他還以為那是零是在右邊的。

原來人世間就是這樣子，一個團隊，一個機構，一定要讓用心最多的人往上爬，而且拉開那個差距，要是全部一樣就沒有是非。原來宗教精神還是要讓好人有好報，不能走後門，不能有人情的包袱，沒有僥倖，沒有偶然，這樣我們才能在今生今世就讓好人有好報，而不必把正義交給最後的審判跟來生來負責，我認為這是政治跟教育、文化最重大的使命跟挑戰。

「回家」才究竟

我在高雄地區跟佛教團體演講，有一位先生提出一個問題：「王教授！我們信佛是不是出家才究竟？」我看他大概三十出頭。我問他說：「結婚了沒有？」他說結婚了。再問「有沒有兒女？」他說：「有，兩個。」我立刻給出解答：「那回家才究竟！」生兒育女還在問我是否出家才究竟？我提出一個理念「在家、出家與回家」，來回應這個問題。

我問出家的師父：「你要把在家眾帶到何處去？你本身是出家修行，你是出家人，但是你帶的人是在家眾，你要把這些在家眾帶到哪裡去？」我給出解答：「回家去。」師父帶弟子修行，是讓媽媽更媽媽，讓太太更太太，而不是讓他不做媽媽、不做太太。

有一天傍晚搭計程車回永和，司機先生是位老兵，跟他聊天：「有沒有回大陸老家啊？」「在臺灣成家了沒有？」再問「那有沒有孩子？」「多大了？」他說：「一個唸二年級，一個唸四年級。」又問：「那你在外面工作，太太都在家裡面照顧小孩囉。」他說：「沒有！」他這一說「沒有」，我大吃一驚。我說：「怎麼會沒有呢？」他說：「她去寺廟當義工。」我不曉得他是講佛寺還是道觀什麼的，因為臺灣民間信仰是很難分清楚的。我立即說：「好！我是王邦雄教授，你等一下要回家的時候，把車開到寺廟去，去跟他們說：『可不可以下一回我太太的義工時段不要排在兒女放學的時候，因為她要做媽媽，她要幫兒女洗澡，要看他們寫功課，可不可以排在其它時段？」我們不是反對當義工，但是她最重要的是當媽媽、當太太，不可能有宗教信仰讓一個人不做人，讓一個人不做媽媽、不做太太。

另外一位司機先生，說：「我碰到一個客人很厲害，說他一個人可以打倒

七、八個。」，我又說了：「我是王邦雄教授，下一次你碰到他，你跟他說：『他一個人可以救七、八個，那我就跟他拜拜。』」今天變成什麼時代了，把打倒別人當做英雄好漢。人生的價值在我們能救人，怎麼我們的社會竟把打敗別人看成了不起的成就。

我們在家，像立身在我們的鄉土田園。鄉土田園農耕地要有農作物，當農民是很辛苦勞累的。所以某些時候，我們要從田園走出來，去遊山玩水。去休閒散心，那個叫出家。但是你不能停留在山水，山水很美，但是山水是無根的。譬如說我們到歐洲觀光，總是要回家的，我們還是想念臺北，回家感覺真好。這個時候我們又從山水回來，把山水的空靈帶回我們的田園，讓我們的田園有山水，這樣田園的生活就不苦不累。

我們在家，我們要走一條出家成長的路，讓精神提升的路。但是這樣的精神提升，是為了讓我們更有空間回家做媽媽、做太太，做人家的爸爸，做人家的先生。這叫「在家、出家與回家」，**人生的三階段，從田園出走到山水，再把山水帶回田園。所以當回家的時候，你已經有出家的修養來回應在家的一切責**

任跟勞累。家是最重大的道場，我們在家裡面修行。全天下沒有比媽媽更接受嚴重的考驗，所以我會說媽媽就是媽祖，一生付出這麼多，是最有修行最有功德的人。

原來家裡面就是道場，一家人一體修行。我們在父子、夫妻兄弟之間，又是師父，又是媽祖，又是菩薩，這就是儒佛兼修的文化心靈。這樣的話，出家是宗教信仰的路，而回家可以讓人生有更開闊的天空，可以安身立命，可以來去自如。

5

說生命情緣

十年前，我用「緣」跟「命」這兩個傳統觀念來解釋人生全程的福報問題。中國儒家講「命」，印度佛教講「緣」，用這兩個大系統來解釋，引起社會熱烈的迴響。這麼多年來，我自己又有一點新的體會，我覺得我有責任，對讀者做出心得報告。因為有時候，我們的體會會加深，或有新的發現。我想：好東西應該要跟好朋友分享，所以今天的題目是「體會生命情緣」。

所謂「生命」，在這裡是有特殊意義的，「生命」是「要把命生出來」，所以，還是那個「命」的觀念。所謂「情緣」，是情離不開緣，有情總是有緣，我希望把「命」跟「緣」的新體會，與大家分享。

身體力行心領神會

所謂的「體會」，第一個意思是「兩體的交會」。我們每個人都是個個體，都是個獨體——獨立的個體。我們每一個人，都是個自我，也是個完整的自我。但是，我們事實上是活在人間街頭的，好像我們總要把自己一生的命、一世的情，讓它活出來，到街頭上跟人家結緣。這樣的話，我才能夠從自我的孤單寂寞中走出來。所以，我們希望有個交會，兩體的交會、兩心的交會。但這樣藏有危機，因為我從自我走出來，很可能失落自我，就好像我們一個人，在家居的時候，覺得好像家徒四壁，家裡面空蕩蕩的，總覺得應該到外頭闖闖走走，但走上街頭，你就擠進人潮中。我想我們都是尋尋覓覓，才趕到這裡來的。周末的中午，臺北市很熱鬧、很擠迫的，擠在人潮中，你會迷失、會失落，所以，走出了自我，卻失落了自我，本來是要完成自我，護持我的「命」，成全我的「情」！但是，走出來之後，跟人家結緣，整個人間街頭却有它的複雜性，這可是人生的兩難啊！倘若要維護自我的完整，那便要面對自我的孤單寂寞；倘若我們追求生命的交會，把我們的命、我們的情，跟人家結緣，我們就會在人間街頭失落了自我。那麼要怎麼樣做到我是我，又能跟別人擁有一段美好的情緣呢？我所謂「體會」的第二個意思，就是要身體力行，要去做，要去實踐。我們一般的做法，就是等待，等待人家對我好，等待美好姻緣從天上掉下來，從外太空飛過來。每天癡癡地等，等了半生，結果一無所有。所以，我覺得那個

「體會」，就是要去投入、去擔當、去實踐、去體驗感受。

「會」是心領神會，不是光我去腳踏實地、我去投入擔當，還要點滴在心頭，都有感覺、都是感動、都有感情，那樣的緣，才有意思。不然就是寂寞的兩個人，碰在一起，依莊子的話來說，就是兩條魚，從魚池翻到岸上，變成兩條魚乾，互相救來救去，我給你口水，你給我口水，我滋潤你一下，你滋潤我一下。人間情緣就變成兩個無助的人，無可奈何的人，擠在一起，緣是在一起了，但情沒有交會，命沒有生出來。假定這樣的話，人生在世，所有的情愛、婚姻，起初都是佳偶，但是到了半路上，發生了變化，可能變成了怨偶。所以今天我的新體會是在兩體交會中，兩個人都要從自己的獨體走出來，兩個人走向一個交感會合。這也叫做統獨之爭——情愛、婚姻的統獨之爭。

笑傲江湖做令狐沖

新女性運動就是臺獨，傳統大男人的呼喚就是統一，把太太統到我這邊來，叫統一。太太說：女性也應該自主，這叫臺獨。原來，不是光海峽兩岸有統獨之爭，情愛跟婚姻也有統獨之爭。

我的感觸是：情愛、婚姻的路上，越來越難了，真可謂人生何處不江湖。在這樣變動的時代裡，整個社會是開放的，婚姻面對很大的衝擊。現在的人，居家的時間，少於上班的時間；而家裡瑣碎的家事，它的層次又遠不如在工作場合的挑戰和成就感，這是婚姻最難以突破的一個困境，婚姻裡面做不完的家事，幾乎是個災難，所以，上班才是解脫。家是個「枷」，家是桎梏，職業婦女上班、工作，才能從那個地方解脫出來，所以，現代人面對的是：人在江湖，身不由己。

但是，我們要從那個地方走出來，要通過考驗，要笑傲江湖。笑傲江湖那個「傲」，就是一身的傲骨；笑是滿臉的笑容。除非我們是令狐沖，可以笑傲江湖，不然的話，情愛跟婚姻，都很難保住，似乎家庭輸給人間街頭。住家時間少，家事的品質也低，沒有成就感，又沒有挑戰性，所以，先生、太太，都把心力放在工作上，而不願意回到家的「枷」。一身的傲骨，就是通過情愛、通過婚姻，我還是我，我沒有失落自我。我們從自我走出來，會有失落自我的危機。我還是我，這就是「一身的傲骨」。此外，在跟別人結緣的路上，雙方都能夠感應歡喜，這叫滿臉的笑容。我想：不管是工作、讀書、做人、交朋友，走在路上，我們永遠要這兩個字：一個是「傲」——一身傲骨，我還是我，走在人間，昂首闊步。第二個是「笑」——要給出笑容，要跟別人有感應、要融洽、要交會，這叫「滿臉笑容」。因為「笑傲江湖」主角是令狐沖，假定連情愛跟婚姻都是江湖的話，若要修成正果，一定要有令狐沖的武功。其實，武功就是修行、修養，要有那份心、那樣的道行、那樣的修養，才能夠笑傲江湖，我要用令狐沖這三個字來做解析。

令狐沖的「令」，是善良的意思。令狐沖多愁善感，他一生愛他的師妹，所以，在金庸的武俠小說裡，他是比較人性化的，比較受人喜愛的男主角。但光是善良不行，善良就是我愛你，今天誰沒有愛呢？愛人總是好人吧？但是好人不一定得到好報，好心不一定有好收場，所以，光是我的善良，我很認真，我很專情，還是不免挫折、傷感。我這麼好，為什麼人家沒有感受到我的好？沒有回應我的好？沒有肯定我的好？所以，光「令」還不夠，還要第二個「狐」，狐就是聰明，也是智慧的意思。原來光是愛還不行，光善良還不行，還要有智慧，假定沒有智慧的話，我們的愛、我們的好，會成為別人的負擔。但若太精明、太高強、太厲害、太發光、對情愛的世界也是不利的。所以，不光是有沒有愛的問題，誰沒有愛？問題是要愛得有智慧，這叫做「狐」。有智慧的人，不會讓愛變成別人的負擔，不會用愛把對方比下去。每天跟他說：我比你愛你，我比你給得多，這個對方受不了，這樣的愛，是沒有智慧的，因為你把對方打垮，等於是把自己打垮，因為你是跟他相愛呀！他垮了，你不是也沒了嗎？困難在我們總是不自覺地，以為我的愛、我的善良，就是我最大的本錢，用來維護自己、完成自己，而在互動的時候，讓對方感受到壓力，那就十分不智了，反而適得其反。此外，又善良、又有智慧，還要加上第三個字叫「沖」，沖是虛的意思。虛就是你同時要把你的善良跟智慧忘掉，不然的話，進到第二個層次，你又比到第二個層次。我比你有頭腦、我比你有智慧，還是比呀！所以沖虛，就是把自己的美好、自己的智慧，都忘了，都放下來。因為忘了，你放下來，對方才有存活的空間。

英雄沖虛紅顏盈盈　好漢無忌佳人靈敏

令狐沖愛的對象是誰？任盈盈。我只是借他的名字來講道理而已，情愛、婚姻沒有哪一個是專家，沒有誰是尖端，誰是卓越，每一個人都是身在江湖，我們的心願是但願每一個人都可以笑傲江湖，所以，我們很難舉出特別的人或例子來解說，只好用這些大家都知道的故事，透過這樣的男、女主角，來讓大家有共同的體會。任盈盈那個「任」，就是聽任她，因為令狐沖把自己放下來以後，都聽任任盈盈，聽任她。「盈盈」是什麼意思？滿滿的。當你把自己空下來以後，對方就是滿滿的。任盈盈是很精采的。我看金庸的武俠小說，最傷感的，就是為什麼男主角都輸給女主角？很少超過的。令狐沖他把自己放平、放下來了，忘掉自己的好，結果，整個的好，全在任盈盈的身上展現。都是他，都為他，都給他，這不是真正的愛嗎？原來愛就是「虛了自己，滿了他」。我們一般卻不是，我們的做法就是希望提昇自己，把對方壓抑下去，都是你不如我；就是愛，也是我比你多，我奉獻比你多，付出比你多；我都付出，你都虧欠。這樣的話，愛的天平越來越失去平衡，一定會出問題。你的辦法就是讓它平衡。

另外，還有「倚天屠龍記」的男主角張無忌。無忌就是沒有忌諱，不會挑剔、不會什麼都放在心上。人生海海，這是臺灣話，在我的解釋是：你接受了海，就海了嘛！人生海海，接受了江湖，就笑傲了嘛！你不要想逃離江湖、逃離情愛、逃離婚姻。只要我沒有情愛就好，只要我不跟人家結婚就好。人生不是這樣！人生是你在江湖而可以笑傲江湖，這才算是走過一生，通過人生考驗，而修成正果。無忌看起來好像很簡單，但實際是滿難的。我們最喜歡那些很坦誠、什麼事都不會放在心裡面的人。現在很多人每天都在心裡面偷偷寫日記，而且每天出版，你都不知道，等幾年以後，你才發現原來他已經在心裡面出版了那麼多日記。

很開朗、很自在，這樣的人就是無忌，跟他在一起，每天都是春天，你不用擔心突然間冬天來了，會下雪、會結冰，這叫無忌。因為有張無忌，才成全了趙敏。

老實說，張無忌這個角色，性格有一點軟弱，他不如令狐沖，當然更不如郭靖、楊過，還有喬峰，這些全是英雄俠客人物。我「無忌」，他就「敏」了；先生「無忌」，太太就「敏」了，鋒芒都歸她、敏字歸她、光采歸她，這才是大英雄的愛呀！二年前戈巴契夫先生來臺北訪問，造成臺北的一個風潮，風靡臺北，連我們立法院的立委都變成迷，大家都請他簽名。人家讚美他說：哇！你在臺北造成風暴。他說：「不是風暴，是夏日雨後的黃昏。」太好了，我喜歡這個回答。他立刻讓自己虛了下來，沒有風暴呀！夏天的雨後，落日的黃昏，清風徐來，一陣清涼。你看！他忘掉自己的好，忘掉自己的智慧。有人問戈巴契夫是政治權威，那麼在家庭裡面呢？是不是也是家族的權威呀？政治權威在家庭裡面當然也是最有權威的人嘛！但戈巴契夫說了幾句，抓不到重點的話，他的夫人在台下立刻發言，說他的權威就是尊重八十五歲的老人，還有尊重十歲的孩童，他的權威就在尊重每一個人。這是他的夫人蕾絲講的哦！戈巴契夫真的就是令狐沖，把所有的精采，歸給任盈盈。蕾絲身上滿滿的，都是光采，突然間，她變成最聰明、最靈敏的一位，戈巴契夫一定是無忌，否則，那還得了，我是政治權威，全世界的權威，怎麼我在記者會上講話被你打斷。可見他平常必是「沖」，他平時就把自己放下來，把美好讓給太太，他平時一定是無忌，不會在公眾面前唯我獨尊，也不會僅是自我獨白，而是對話溝通，她隨時可以講話，你看那段話真是太精采了。戈巴契夫先生最後說：他相信記者先生絕對不會漏掉這一段話。這是那天我最喜歡的話語，他講什麼大話，我都忘記，只記得這個，因為我們的關懷不同，我們關懷的是「生命情緣」呀！

愛情那有禁區

希望人間有很多兩體的交會，能夠發出交會的火花、智慧的光亮。善良跟智慧不是那麼難，但要把自己的智慧跟自己的善良忘掉則太難了。人生忘掉自己的不好很容易，但要忘掉自己的好很難。我不知道這樣的話，會不會讓我們有個思考的起點？

當我們說情愛，婚姻就是江湖。最近大眾傳播有個話題，不就是「單身貴族」嗎？我們知道有位很銳利的作家，叫苦苓，他烏鴉嘴，他說「單身公害」。哇！第二天，引起新女性主義幾位領導人物的圍剿，說苦苓才是公害！然後開始再問一個問題，就是：愛情有沒有禁區？單身貴族要是闖了進去，在苦苓的了解，那個叫公害。我覺得這個問題在它幽默的背後，有值得我們深思的地方。有某一雜誌訪問我，但沒有把我全部的意思寫進去，他好像要造成一個對比：這個人主張愛情無禁區，那個人主張愛情有禁區，而我是有禁區的代表，另外一個人是無禁區的代表，無禁區的代表是一位女教授，有禁區的代表是男教授。但是，我本來認為愛情是無禁區的，有禁區就不叫愛情了。愛情最大的考驗，就是連江山都不要、生命也可以給，榮耀、身分、地位完全失去它的光采，只剩下一個，那個叫愛！所以，在理論上，愛情是沒有禁區的。那麼愛情會有禁區，在傳統是用禮教跟法禁，這叫男女大防，就是男生跟女生不能見面，它把你們分開，女人不出門，所有的女人在家裡面，所有的男人在街頭，這樣就完全不發生問題，並沒有交會點，是男女大防的禮教。後來，禮教漸漸失去，因為禮教只道德的規範力量、只有輿論的力量。於是用法禁、用法律來規範，你闖入進去，我起訴，這是法禁。今天我們發現，禮教教不了了，法禁禁不住了，從某一個意義來說，是「某一個意義哦」，請注意我的話，能夠突破禮教跟法禁，代表現在的人還有一分真愛。所以，我覺得，真正要找到禁區，要自禁，才有效力，禮教都不行了，法禁也不行了，最後一步了哦，最後一步不是法律，禮教是還沒有發生以前，它來教導你；法律是已經發生以後，它來懲罰你。那麼，假定禮教的功能、法禁的功能，都依然無法力挽狂瀾，扭轉這個情勢的話，我覺得禁區只有一個——自禁，因為你越涉禁區的話，越有挑戰性，你還越有成就感，你就是要突破所有的藩籬，所有的關卡，來作為愛情的一種超越。所以，所謂的禁，要成就可能，一定要通過自己來禁，自禁，禁區是在自己心裡的。我們知道，一樣是男女的情愛在彼此沒有婚姻約束的狀況走向婚姻，是受到所有人祝福的。但假如彼此有各自的婚姻，仍然發生情愛的話，今天叫做「婚外情」，是要受詛咒的，這兩者差太多了。

諸位想想看，一樣的男女、一樣的情愛，走向婚姻，得到所有的祝福，在婚姻之前，得到所有人的羨慕，所有的人都覺得這一對很好呀，然後等待喝他們的喜酒，一旦走向婚姻的路，大家都來了，所有的人都祝福他們。但是婚姻之後呢？婚姻之後，與別人所發生的情愛就變成禁區了，變成詛咒了。但今天似乎也沒有妙方來讓男女的情緣永遠美好，讓兩個「命」永遠好起來，仍然束手無策，所以，我才想到「自禁」。

從江湖山水到人間田園

「自禁」是什麼意思？自是自性，自性是佛家講的，明心見性，如來藏自性清淨心，你要讓那個「禁」，回到每個人的自性。你越禁止，他越反彈，你有禁區，他就勇往闖關，闖關是成就呀！你不要禁，他就突然發現他沒有反抗的對象了，這樣讓所有的「禁」開放出來，讓每個人自己去承受。「自禁」是把那個「禁」放在人性，因為自性就是人性呀！那麼我們知道，人性第一個是男性、女性。人性有男性、女性，男女異性相吸，情愛如江湖，完全沒有規矩，因為江湖是靠武功的，完全無規範，所以，我們就讓男性、女性走向夫婦，這是中國儒家的安排，即周公之禮。男女成了夫婦，而夫婦是社會性的、道德性的，不光是生理性的、不光是官能性的、也不光是異性相吸，它變成了人間的伴侶、變成了人間的責任，這樣的話，依我的解釋，它是從江湖到山水。

因為若要人間好姻緣，要讓兩個「命」就在情緣裡面生起來，不能用外在的禮教跟法禁，而要靠人性的自我開發、自我覺醒，讓他自己禁自己。在他是自我完成，就不會把社會的禮防、禮教、法禁，當作挑戰，而要去闖關，來代表成就。

所以，我常勸一些訓導人員或教官，少規定一點，孩子就自然好一點。你說這個不可以、那個不可以，第二天就全部跟你相反。我們以前讀書，就是這樣子：教官說明天穿白襪子，第二天，全班男生都穿紅襪子，不然的話，在兄弟裡面你就不是英雄好漢了，所以，每個人還故意把褲管捲起來讓人家看清楚本人是紅的，那處罰呢？反正是全班，兄弟兄弟嘛！那時候，真是有江湖道義呀！所以，只有一條路，讓那個「禁」回到自己，自己是自性，自性是人性，人性的發端是男性、女性。但只是男性、女性的話，就沒有價值、沒有社會意義，所以，我們從江湖到山水是夫婦。我們不是說：男人是山，女人是水；男人是土做的，女人是水做的嗎？先生像山一樣地可靠，太太像水一樣地可愛；可靠的叫良人，可愛的叫佳人，所以夫婦在一起是山水美景。人間好風景，就在一家小夫婦裡，我們把山水帶回家，不要光掛畫家畫的山水畫，兩個人就是山水畫，「人間好風光，皆在吾家」，這樣就開始從男女的江湖走進自然的山水了。

不可思議的是父性、母性，在今天被遺忘了，只是談男女，談夫婦之道，卻忘了父母。我以為人生裡面一個很大的突破就在父性、母性，如此，自然山水就變成人間田園，原來先生、太太可以升格做爸爸、媽媽，這是人性的一個重大突破。少年男女、青年男女原來可以做人家的爸爸、人家的媽媽，這對人性是很深度的開發。做了爸爸、媽媽以後，看到的世界就不同了，看到的自己也不同了，所以，要通過自然山水到人間田園。既是田園，田園就可以有生產力，不是「一分耕耘，一分收穫」嗎？當婚姻轉成田園以後，就可以有農作物在農耕地裡成長。兒女是農作物，家裡的田園就是農耕地，兒女又有他的兒女，一代傳一代，就是我們的鄉土，代代相傳的鄉土。

所以，禁區在哪裡？禁區不在說男女相愛是錯的。男女相愛沒有錯，為什麼它變成「禁」？因為最後的決定是我們會覺得很苦呀！而苦才是向上的動力。在儒家來說，你會覺得不安，你會覺得生命有缺憾。男女相愛以後，就變成什麼都是兩人一起，不免相互牽累，先生失去男人的性格，太太失去女人的性格，因為體貼呀！為家庭犧牲呀！所以，結婚就是失落。婚姻最大的敗筆，就是我們在婚姻裡頭受苦受難，男人不再是男人，女人不再是女人，所以，單身才有魅力，單身的魅力就在抗拒「婚姻所帶來的災難」。

何以單身總是貴族？

有的人嚮往一生的戀愛，所以他不結婚。他覺得結了婚，戀情就出問題，因此只戀愛不結婚，這是第一個。第二個是他不結婚只同居，住在一起，沒有婚姻約束或法律效力，隨時可以走，但隨時可以走，卻不必走，這是很微妙很特別的。有的夫妻離婚後仍一起生活，反而成了恩愛佳偶，離婚前壓力太大，無法一起生活，離婚後卻突然發現原來這個人這麼好。問題是「居」也是個停留，雖沒有婚姻的約束，但也是同在一個屋簷下，起居停留，不是停留嗎？停留就會有滯陷，因此，到最後連同居也不要了，只要約會，純然感情的，連「居」都不必了，因為不願停留，更沒有婚姻，因為婚姻約束太多，單身的魅力就在此。

但不管是同居或約會，可能會牽涉到另一對婚姻，也就是所謂「第三者」、「外來者」。對於「外來者」，就相愛來說，婚前、婚後是平等的，他以前跟你相愛，現在跟我相愛，凡相愛都沒有錯，都是愛。所以，我現在要說的是：「禁」不在男女雙方，也不從法禁或婚姻效力來說，不管約會或同居，都可能傷害到另一對婚姻所帶來的兒女，因而傷害到人性更高貴的父性與母性，因此，不要婚姻，不要兒女，只要同居、約會，會讓我們感受到重大的人生缺憾。對現代的社會，我們無法用道德教條來規範，因為已經沒有感動力了。

我們要指出來是：真正的貴族不一定單身，真正的高貴是從男女夫婦進到為人父母，這才是人性最高貴的展現。這有兩方面意思：第一個，單身貴族所以變成單身公害，是因為碰觸到另一對婚姻，不過，既然都是愛，那就一樣高貴，不管有沒有受婚姻的保護，凡是愛都是平等的，問題是若牽涉到這一段婚姻的子女，這就不平等了，這就不是公平競爭了。兒女是天經地義要在父母照顧下長大的，所以從消極來說，禁區的「禁」，就在你會傷害到子女長成所在的安全、溫暖的家。積極來說，對單身而言，是否會讓我們人性中的父性、母性未得充分實現，而成為缺憾？今天，我們應把人性從男性、女性開發到父性、母性，這才是所謂「禁區」的深層解答。

哲學講的是人性。現代的心理學、社會學，關心的是都是男性、女性，最多進到夫婦相處，很少討論到父性、母性。而中國哲學，尤其儒家哲學，最大的著眼點就在父性、母性。男女的愛，叫曾經擁有，儘管青少年說：不在乎天長地久，但仍要肯定「只在乎曾經擁有」，為何只在乎「曾經」呢？因為愛會過去。今天的青少年對未來充滿無助感，社會變動太快，就像流行時髦，追逐影歌星一樣，很快就過時了。婚姻也是！說愛，但說過去就過去了，至少現在是真的，曾經擁有。為了自我保護，擁有了就是要失去，我們受不了，所以，不在乎天長地久，我放棄天長地久，只在乎那個當下，至少那個當下曾經相愛過，未來則沒有保證，為了怕失去，所以宣告我不在乎。因此，從男女進到夫婦，就是希望變成天長地久，這是第一個意義的天長地久，男女情愛通過婚姻，才受到祝福和保護，由於法律的註冊，男女情愛方能在婚姻的名分下，變成天長地久。但是這對夫妻，一定會在歲月中老去，「少年夫妻老來伴」，老來不光作伴，老來要看到兒孫長成，因此，真正天長地久是生兒育女。少年夫妻老了，但兒女年少，長大了。所以，在天長地久之外，我們還要講開花結果。

從曾經擁有到天長地久

所以，我不喜歡周潤發在廣告上說的「不在乎天長地久，只在乎曾經擁有」。而喜歡林子祥跟葉倩文演唱的歌詞：「此刻的擁有，讓它天長地久。」這比較適合中年人的思考，林子祥究竟比周潤發老大一點。人生在花好月圓之後，還要開花結果。

男女情愛一如江湖，如何走出來?就在笑傲江湖，但不只笑跟傲，還要去開發，讓江湖成為山水。中國的墨家俠客是江湖，中國道家隱者是山水，中國的儒家志士是田園。再往下去，兒孫代代相傳是鄉土。這樣，我們由單身貴族或單身公害，產生「禁區」問題，「禁區」在那裡?不禁，我們不用法禁，你自己禁，也就是把情愛交給每一個人，讓他去感覺，讓他自己覺得不好。男女相愛雖沒有錯，但還有人家的兒女，「可憐天下父母心」呀!我們看到人家的兒女，心裡也充滿著愛憐!其次是自己會感到缺憾，因為父性、母性沒有充分完成。要不然，結不結婚跟男女情愛實在沒有多大關係，結成夫婦反而破壞男女情愛的純粹性，加進了太多的道義責任，所以他不願結婚，要做個單身貴族，問題是「禁」，要他自己禁。由自性、人性，到男性、女性，再到父性、母性，這個禁區是出自人性自身，這是我回應現代熱門話題，給出的解答。

兩人共命、兩體交會

底下講三個重點，第一是兩人共命。

本來一個人一個命，你有你的命，我有我的命，大家都是獨立個體，我們的命是父母生的，叫生命。父母生給我們一個命，我們代表父母再活一輩子，且把我們的命傳下去，傳給子孫。但人世並不是只有我的命在獨自作業，命跟命會碰觸、交會。每個人都要把自己的命活出來，男人把男人活出來，女人把女人活出來，大家有責任把父母給的命好好活下去，好好為家族活下去，你要這樣，他也要這樣。但命裡有個很重要的因素就是「情」，我們的「情」總是在我們的內心躍動，我們要愛人、要關心別人，要從自己走出來，就會跟別人碰觸，這就是「緣」。所以，什麼叫「緣」？「兩命之間」就叫「緣」。

我勸人家，不要一個人去算命，那是不對的，要夫婦一起去算命。結婚以後，兩個人一條命——兩人共命，這叫「命運共同體」。婚姻最大的宣告就是：

此後這一生，任何事情，所有的思考，通過兩個人一起想。不是先生只想到自己，而忘了太太；或太太只想到自己，而忘掉先生。不可以，要兩個人一起思考。

我們做任何事，一定有個價值觀念，總是要問重不重要？再決定要不要做？這立刻有個重要感，重要感就有一種排列，「物有本末，事有終始，知所先後，則近道矣」，有本有末，有先有後，這就是人生出發的一個序位。所以說兩個人是一個人，叫「兩人共命」，是兩個命交會的情緣。兩個人原是獨體，交會成了「同體」，同體是兩個人共同的，就不會以我的善良、我的智慧等等來做比較，是先生對家庭付出多呢？還是太太？是誰對兒女比較盡心呢？這些都不該成為問題，因為凡事是兩個人一起反省的，「我們兩人」對兒女的照顧要怎麼做比較好，「我們兩人」要怎麼帶兒女走向成長，所有的問題都是用「我們兩人」來說，而不是「我」，不可把對方排除在你的思考之外，這種感受很不好。不只是先生、太太之間，父母、子女也一樣，我就對我的孩子說：我們一起聽媽媽的話，媽媽不光罵小孩，也罵爸爸，這樣孩子便不會覺得受委屈，原來爸爸跟我站在同一陣線，所以，生命情緣註定是兩個命在一起，此後便成了一個「共命」，共同的思考，在共同的價值評量下做出決定。

此外，有個難題在，男人向來是個自立體，而女人是依附體。自立體就是男人的獨立性，我就是我，「大丈夫當如是也」，婚姻沒有動搖他的獨立人格，而女人因為婚姻，突然間變成了依附體，依附在先生身上。如花是紅的，花是自立體，紅是依附體，依附在花上，做為花的屬性，婚姻的委屈就在此。婚姻對男人毫無影響，他照樣打天下，而女人則學業、社交、才氣，甚至原來的理想都停止了。婚姻讓女人犧牲太大，這便是婚姻難以平衡、維繫的最大原因。

聽說現在日本流行五十歲的女人，突然在某一天早上醒來，行李都收拾好了，告訴先生說：我走了。先生莫名所以，又沒有做錯什麼，幾十年都如此過了。太太的想法是：孩子長大了，我不理你了。由於日本男人平日受太太照顧慣了，一旦太太走了，早上襪子怎麼找都只有一隻，日子簡直過不下去。癥結在：你是自立體，你讓太太依附於你，所以太太只有離開你，她才可以自立。什麼叫救贖？什麼叫得救，只有離婚才是唯一自救的道路。所以，我們一定要有「命運共同體」的觀念，太太不好，先生有什麼好？先生不好，太太有什麼好？兒女不好，父母又有什麼好？要如此去思考。

認命好命隨緣善緣

在此，我要提出兩句話頭：**認命就是好命，隨緣就是善緣**。請大家深思。

每一個人都有自己的性別、性向、性格、性情，你是跟一個和你完全不同的人結婚過一輩子，你不可能讓他消失。我告訴我的女學生，要求男友戒煙才要跟他結婚，是沒有用的，等到結了婚，他會加倍抽回來，因為他要彌補呀！本來抽一包，結婚後抽兩包。你不能改變他，你只能讓兩個人的好，在婚姻中並存。你欣賞他，他欣賞你，你支持他，他支持你。不要希望他變成另一個人，因為愛他而要他變成不是他，這種愛是得罪人的。這不是矛盾嗎？愛的是他，為何要使他變成不是他？所以，我們要認命，認命你跟另一個人結婚，而這個人擁有許多缺點。我們常誤以為我們愛的人，是個完美的人，是個白馬王子，是個白雪公主，等發現情況不對時，便以為換一個對象就好了，結果還是一樣。我常說：你把外面的那個人帶回家，會跟裡面的這個人一樣，你把裡面的這個人，帶到咖啡廳喝咖啡，帶到茶藝館品茶，會跟外面的那個人一樣。那只是場景、氣氛變換不同而已。你應該讓家裡有茶藝館的感受，有咖啡廳的情調才對，並非換另一個人，這樣婚姻問題便會消失了。因為還是兩個人、兩個命結婚，而凡是人，都有缺點、弱點。所以，認命是好命，認同自己，也認同對方，跟他相愛、結婚，就是認了他的命，也認了自己的命，兩個命結合成了「命運共同體」。你絕不能讓他不要他的命，讓他沒有命，讓他不是他，否則，婚姻成了罪過，他一生最大的錯誤，就是跟你結婚。如此，才會產生單身貴族，只同居不結婚，甚至同居也是多餘，只要約會才純淨。

再說隨緣就是善緣。在人生裡，誰是我們最適合的人？這句話是沒有答案的。你不可能跟所有的人都交往了，然後下一個論斷：這個人是最好的。最好的不在外面，而是在我們裡面。承認他是最好的，他就是最好的。不要拿他去跟別人比較，最惡劣的說法是：那一個人比你好。我最害怕的事便是：當我回家跟太太說什麼得意的事時，太太說：人家隔壁的先生，老早比你好多了。他不知道，男人是很脆弱的，兩句話就被打垮了。你不可能讓先生跟街頭所有的人比較，先生就是你心目中最喜愛的、最好的。「最」不在外面「比」，「最」是在心裡面「給」。在人生重大時刻，在你婚姻的年齡，在你想安定下來的時節，他出現了，他喜歡你，你喜歡他，這就是讓你定下來的緣，隨順它，就是善緣。緣在印度佛學的意義是「緣起性空」，也就是緣是靠不住的。

　　但人生離不開緣，而緣又會過去，所以，你只好隨緣，跟著它走，跟著感覺走，跟著四季走。春天來了，冬天過去了，你只有跟著它走，「與時偕行」，跟緣同步，隨著緣走出人生的旅程。因為，你最好的時候，也是對方最好的時候，是兩個人都追求安全感的時候，都希望定下來的時候，於是兩個人在一起，這就是結緣。但這個緣只是當下而已，說過就過，你要緊跟著這個緣，跟他在一起，跟他過一生，所以，隨緣就是善緣，不能在隨緣之外，另找善緣，那是找不到的。老是想一定有更好的，一定是我錯過了，當初碰到他才是我的不幸，這樣的想法是很惡劣的。因為緣是不可能重來的，說這樣的話，只有破壞性，沒有建設性。

一心終極，最愛支持終身

我們再來討論第二個要點：一心終極。我們說兩個人兩個命，結合在一起，成了命運共同體。一起思考，一起出發，這就是「一心」。兩個人共命，要靠一心，一心之情出現在為人父母的時候，當兒女發燒，我們才知道，人性可以完全不為自己想，只為他想，祈求我來替他承受病痛折磨，就是為兒女想。所以，父母愛兒女，臺灣話說是「疼命命」，疼他如命，就像自己的命一樣，本來他就是你的命，但要「一心」。兩人共命之所以可能，不光是因為婚姻，搭在同一條船上，同舟共濟。人生就像一葉扁舟，要穿過驚濤駭浪，航向浩瀚的太平洋。共命要有根基，就是一心。一心終極的終極，就是終身大事。誰是可以託付終身的人？就是那個「極」。極是最高，終是最後，一生把最好的給他，這就叫終極。必須兩個人一條心，才可能共命，而兩個人惟一的思考就是：但願此生，把我最好的都給他。這時，問題來了：我把最好的給他，但他又不是最好的人，值得我給他最好的嗎？「你給他好，他就會更好」，這是連院長夫人在電視公益的話。**我們都是在等待最好的人，他也許不是最好的人，但你可以給他最好的，使他變成最好的人。**讓我們的先生、太太，因為我們而感到一生的充實和驕傲。由於他得到最好的，他就是最好的，這叫終身大事。現在常聽人講臨終關懷，就是一個人在急診處或加護病房，用機器救他，而他最想看的人，最想說的話，都來不及看，來不及說，所以，臨終關懷是把人間最好的，在一個人生命最後的歲月給他，也就是在他「終」的時候給他「極」，這是我們對一個人一生最後的回饋。我們再解釋，老師教學生、父母帶兒女，老師的挑戰是有一天學生會離開我，父母的挑戰是有一天父母會離開兒女。老師要做到：當學生離開時，不靠老師自己可以活下去；父母要做到：當自己離開時，兒女可以活下去。

所以，趁著他們讀書的時候、成長的階段，給他最好的，用最好的來支持學生和兒女，走出他們一生的前程。教育是要給「極」，不光是考試。只會好好考試、背書，是無法活出好的一生的，因為我們的教育沒有給出「極」。只有最好的，才值得我們跟他過一生，只有最好的，才能支持我們跟他過一生。這一生的百年歲月，情有極，緣可終。不是說「愛到深處無怨尤」嗎？情得到「極」，並推上最高峰，緣可「終」，所以，一生情緣就可以有始有終，這叫白頭偕老、百年好合，但重點在那個「極」，在那個心。

三代傳承消化三世因果

底下再來討論第三個要點，那就是三代傳承。最重要的義理就是開發父性、母性，並開花結果，這才是真正的天長地久，不是兩夫妻而已，而是通過兒女、子孫的天長地久，這是人性最重大的突破。所謂生命，命的突破就在一直「生」，不然，我們只有一生，命終了就沒了。命要突破要生下去，就是三代傳承。

今天社會的主流是佛教，「前世今生」是暢銷書，講的是要了前生，承擔業報。前生未了，今生來報。前生決定我的今生，今生決定我的來世。所謂三世，亦即我的前生、今生、來生，全都是我，前生種的因，造成這一生的果；這一生種的因，造成來生的果；也就是前生的業，今生來報，今生的業，來生來報，這是因果業報，也就是三世因果。問題是前生、來生，渺茫看不到，前生歸結到今生，而今生又開發決定來生，因此，前生、來生不重要，重點在今生今世，而今生在我眼前走動的是我的上一代和我的下一代，是活生生的父母和兒女，他們才是我的最愛，不光是我自己的問題。

人生要如何了前生？就在孝敬父母；人生要如何修來生？就在教養兒女。所以儒家的三代傳承，可以消化佛教的三世因果。媽媽就是媽祖，爸爸是法師，爸爸媽媽跟兒女講的話就是「念動真言」「法力無邊」。**我們要建立「做父母是功德最大」的觀念**。我碰過一位司機先生，在臺北街頭的傍晚時分，我搭上他的計程車，他大概是老兵，我問他：「在臺灣有沒有成家？」「有」；「有沒有孩子？」「有兩個」；「多大了？」「小學三年級跟五年級」；「太太留在家照顧嗎？」「沒有！」我大吃一驚，問道：「為什麼沒有？」答案竟是：「到寺廟去了。」

真正的功德是：回家看兒女做功課，給兒女一頓溫暖的晚餐。當先生在外奔波工作，兒女在家無人照顧時，怎麼可以去誦經禮佛呢？這時誦經禮佛是罪過。我但願證嚴法師、星雲法師能接受我的道理，因為我很尊重慈濟功德會跟佛光山。佛門是讓人好好回去當父母、照顧兒女。家中的兒女是活菩薩，從儒家說是小祖宗，每天要向他們拜拜，我們才有希望，現在就要拜，等將來拜就來不及了，如此，你才會突破命的極限。以三世傳承來消化三世因果，才是人間佛教的功德。中國佛教有儒家化的傾向。韓國佛教弘法是要救國抗日的，日本的和尚根本就在家，代表儒家精神消化佛教，原來修行就在家裡，功德就是當父母，這是我「極高明而道中庸」的詮釋，日本人有沒有這麼「極高明」的心思，我不敢說，我們要以中國的「極高明」來提昇日本「道中庸」的文化，這代表中國對日本文化的體貼。

所以，不要一個人去了因果、業報，善因、善果都在父母、都在兒女，這樣，生命似乎就可突破。生命就在情緣中，情緣就是夫婦，生命就是由男女、夫婦進到父母。讓我們走離江湖草野，轉化成自然山水，再轉化成人間田園，就此形成代代相傳的鄉土。今天我們不是要有鄉土情懷嗎？就是要靠這個覺醒了。

從真實中走向和諧

最後，我要說情緣。兩情是否相悅成就一番好姻緣，要靠兩個命有沒有得到尊重跟包容。雖說兩個人一個命，但畢竟是一個男人跟一個女人，我們要讓兩個人的命在命運共同體裡都得到伸展及價值的實現，這才是真正的生命情緣。所以，我用老子的一句話來做結束：「精之至也」、「和之至也」。

真男人、真女人，為精之至也。千萬不能讓太太變成男的，先生變成女的。男人、女人畢竟不同，婚姻的使命就是成就了一個好男人及一個好女人。精之至也，他是真男人、真女人，是好男人、好女人，是可靠的山、可愛的水。在此一前提下，我們才能講「和之至也」。兩個人是一個，兩命變成一個命，兩命必須成就本來的命，才有兩人共同的好命。你讓他變成不是他，他不會讓兩人的命變好的，故精之至，才會和之至。老子解釋「道」是獨立不改，永遠是自己立，不改本色，做個英氣的男人、溫柔的女人，這是人性自性的，是男性女性的，又是父性母性的，本色不改，都是自身的獨立人格。儘管是在婚姻中相愛，但兩人獨立不改，改了以後就立不住，改了以後他就覺得他不是他了。當他不是他的時候，這個婚姻有什麼好？因為結果是讓我不是我。所以，一定要獨立不改。此外還要「周行而不殆」，兩個人永遠一起走，走遍天涯路，這叫周行；永遠不會停下前進的腳步，這叫不殆。夫婦是要走一生的路，父母是要走一生的路。所以一方面要「獨立不改」的「精之至」，一方面要「周行不殆」的「和之至」。兩個人同步前行，且為一生的行。「終」就是周行不殆，「終」就是終身大事，永遠不會停下來，一生向前走。而「極」就在「獨立不改」，永遠美好，依舊最愛。獨立不改是極，周行不殆是終。

所以，我今天講的就是兩個命變成一個命，且是一個「極」，才可能支持「終」，不僅是一生一世，且是三代傳承。我們知道，情愛、婚姻充滿美好，但美好也可能變成不好。如何使它不變壞，首在讓它好。「你對他好，他就會更好」。

6

說父母經

生兒育女，天大地大

天下父母生人間兒女，「生」要有神通法力，不然是生不出來的。且不僅是「生」，還要「長」，生兒育女要長大長成，還要能長久。而這樣的神通法力，要唸動真言，才能法力無邊。真言是佛經、聖經、可蘭經，或是四書五經、道德經、南華真經等各大教的經典，唸經心直通天道神佛，跟天地一樣大，只有天地可以生萬物，父母生兒女，正是做天大地大的事。所以，為人父母一定要唸經，父母心等同天地心，不止是天大地大，還要天長地久，這樣子女才有成長的空間，才有長久的未來。

唸經有三層意思，**第一唸經是功德，有如唸佛一般，唸力是願力**，可以上西天淨土。問題是，唸經要自己唸，才有生命的感動力，若請法師道士來唸經，功德修行都歸他，與我何干？就好像父母教養兒女，也不能由老師取代，還得自己去陪伴去體貼，才能修成正果，把功德留給自家兒女，好人有好報，報在兒身。**第二層意思，唸經要天天唸**，父母要「經」得起，天天二十四點，一年三百六十五天，沒有假期，不能罷工，想當初人家沒有同意，你就把人家生下來，你不能說生個兒子玩玩，過兩天說你玩累了，不想玩了，那他怎麼辦，他沒有退路，回不去了，你要負完全責任，一生一世的愛，日久天長的陪，愛他一生，陪伴他長大，這要禁得起考驗，時間是希望，時間也是殺手，三兩天好玩，年復一年就累壞了，此由疲累而逃避，由厭倦而棄絕，把兒女送進了育嬰中心或托兒所，就此錯過了他們兒時童年的歡聲笑語，而直接碰觸他們尷尬叛逆的青少年，親子間沒有共同的美好回憶，也就痛失了相互退讓的轉圜空間，障隔疏離在所難免。天下父母經要天天唸，化解牽累困苦，才能無怨無悔。**第三層意思，唸經一定是天經地義，只有天經地義，才能天長地久，只有天長地久，才是天大地大**。所以，唸經一定是對的才唸，不對的不要唸，很多父母不對的也唸，誦經成習，毫無新意，有如錄音帶，每天播放，甚至像江湖賣唱，變調走音，兒女聽不進去，最後成了背景音樂，兒女有聽沒有到，沒有感覺，反而讓人耳根不得清淨，難怪好多少年兒女在家中也塞了隨身聽，說是聽轉播，實則抗拒現場。除了道理對，時間氣氛也要對，跟著兒女的感覺走，別一進門疲累辛苦還來不及放下，迎面而來就是一大段說教訓話，這樣的唸經，不是唸動真言，而是唸動咒語，其結果也不是法力無邊，而是詛咒作法，功德未成，反而把兒女剋住了。

唸「心經」，讀兒女的心事

天下父母經，要唸什麼經，當然唸自家信仰的經典，看你是那一教派的，拜那一尊神的，唸至高無上，獨一無二的真言，各唸各的，自然生出最高的理想與最後的真情，有理想有真情，兒女就可以長大，也可以長久。

不過，我想借用佛門中最精簡的「心經」，來做比喻式的說明。所謂唸「心經」，第一要用心唸，不要口中唸唸有詞，而心靈無感應無觸動，那就白唸了，你有沒有心，兒女一定感覺得到；第二父母要同心唸，父母一條心，最貼兒女的心，所以，父母經的源頭是夫妻經，夫妻不同心，是兒女的痛，讀書不專心、上學不安心，教他們如何放心長大，第三不是訴苦抱怨，老說爸媽給你們坑了，付出了青春，犧牲了事業，前世欠債今生來還，他們成了討債鬼，而父母是冤大頭，這樣的經唸多了，兒女就離家出走，投靠少年幫會，流落街頭，飆車砍人去了。

實則，父母唸的心經，是唸兒女的心事，父母無心事，兒女的心事就是父母的心事，把兒女的委屈、難堪、寂寞、悲愁讀在心裡，讀你千遍，也不厭倦，且每天唸它千百回，他們的苦，他們的累，爸媽都知道，這樣就夠了，可以帶他們走出欲理還亂的少年階段，那身體是大人，而心靈猶是小孩的半大不大的青少年，別以為他們叛逆，他突然長那麼大，超乎他的預期，他自己也承受不了那似乎一夕之間就轉成大人的感覺，為了證明自己長大，只好以不聽大人的話，來做為標榜，那個時節你的管教數說，形同作法，都是咒語，惟一的出路是做叛逆少年，來取得慌亂中的尊嚴。

所以，可別被自家少年騙了，他無理頂撞，那是他們很弱，只是以很強的姿態，來隱藏自己，保護自己，這就是所謂的「酷」，讓父母受不了的酷相，最弱而以最強的聲勢出現，有如弱勢團體示威遊行一般，不能鎮壓，也不能驅散，那反而加重了災難，他們最是需要同情支持的關頭，你不給予尊重包容，反而鎮暴驅離，豈非二度傷害！

且兒女的心事，有如日記一般，是每天出版的，它還會再版，又隨時有新版，你要跟著讀，今天跟昨天不一樣，明天顯然又有新花樣，你要與時偕行，當下唸，當下解，不然的話，心事積多了成了心結，那心愛就心痛了。

家是道場，師父媽祖小菩薩一體修行

本來家是道場，最煩瑣最庸俗的家居日常，最迫切的需要修行來化解，家人一起唸經，父母唸父母經，兒女唸兒女經，爸爸是師父，媽媽是媽祖，而兒女是小菩薩與活菩薩，大家每天回家燒香禮拜，相互頂禮膜拜，拜託兒女好好長大。倘若，唸經的時段不對應，感覺出不來，那是很嚴重的顚倒，媽祖顚倒就成了祖媽，台灣民間舊時的鄉土媽媽，站在門口，擺出罵街的架式，把媽祖形象罵壞了，還直說：「你祖媽就是這樣，你又其奈我何！」這不是很恐怖嗎？

四條苦瓜共一家，堪稱是現代都會區小家庭的生活寫照，兩條大苦瓜跟兩條小苦瓜，共組一個家，傍晚時分，大大小小的苦瓜，均下班放學歸來，四條苦瓜熬成一鍋苦瓜湯，一個人喝一碗，苦在臉上，苦在眼神，苦在心頭。大家「自苦為極」，展示自己的苦來制裁對方，來平反自己，我的苦都是你害的，都是你給的，這樣的心經，變成苦經，唸多了，自然變調走音，人人「神經」兮兮，閩南話的「心經」與「神經」，發音幾無分別，感覺不對，就發飆抓狂了。

取經要有三藏的道行與悟空的護法

天下父母經，此一說法源自西遊記唐三藏師徒往西天取經的故事。三藏法師取經歸來，中土的人才有經可唸，也可以唸佛修行，解脫煩惱啊！不過，千山萬水跋山涉水去取經，有兩大要件，第一要有唐三藏的慈悲道行，第二要有孫悟空的剛猛護法，否則，難以穿過種種險阻魔難，而取經歸來，天下父母生人間兒女，有如往西天取經一般的艱苦歷程，也要由兩大要件來支撐完成，一是媽媽有如唐三藏的慈悲道行，二是爸爸如同孫悟空的剛猛護法，一是無限悲憫的體貼包容，一是無可退讓的理序尊嚴，慈母嚴父一體並行，才可以取經歸來，帶領兒女長大長久。

不過，慈悲道行是愛，若未有剛猛護法隨行護持，會變成沙和尚（悟淨）的沒有是非，愛得一無是處，溺愛縱容，一如婦人之仁，反而害慘了兒女；剛猛護法是教，若未有慈悲道行的根本源頭，會轉為豬八戒（悟能）的自我陷落，教得形同陌路，嘔氣反感，一如匹夫之勇，反而逼走了兒女。

所以，父母經的正格，是唐三藏與孫悟空的會通，而其變格則是沙和尚與豬八戒的混合，那就等而下之，無經可取，也取不回來了。現時有某一家的三藏媽祖告訴我，說他們家的悟空師父返家，兩個小菩薩正在客廳看電視，有說有笑，聽聞門鈴聲響，立即站起，相視語曰：「豬八戒回來了！」各自閃進房間，閉門不出，搖擺在唐三藏與沙和尚之間的媽祖，無奈之餘，也不知如何重塑那失落已久的悟空形象。可憐天下父母心，從猴齊天七十二變，沒變出好榜樣，反而天蠶變，成了豬八戒！天下爸爸，兀自不知呢！

佛門高僧有證嚴聖嚴，還要有星雲曉雲

今再以當代幾位佛門高僧的法號，來做譬喻。慈濟功德會的證嚴上人，法鼓山的聖嚴法師，此顯佛法依法不依人的寶相莊嚴；此外，佛光山的星雲法師，華梵人文科技學院的曉雲法師，此顯佛法的靈動自在。此四位大師都籌辦大學，證嚴上人更獨建醫院，普渡眾生是讓人人受教育，根本改變人的體質，這樣的救人是從根本救起，此顯現人間佛教的真精神，且治病是救苦救難的第一線，人在生死無常間，逼上存在的邊緣，此時離道最近，是最佳的接引法門。

證嚴上人的師父是印順老禪師，**印是三法印，是永不變動的根本義理，而順是順應眾生，與信眾同行**，又是嚴又是雲，**佛法雖莊嚴，卻有如行雲流水，**要有承擔，又要能放下，才是師父的師父，以是之故，印順長老在台灣佛教界的地位，是無可取代的。

天下父母經，要嚴又要雲，父嚴之外加上母慈，嚴父有如證嚴聖嚴的道行，慈母有如星雲曉雲的自在，二者統貫，如同印順長老的凸顯佛法莊嚴，又順應眾生根器的普渡接引，這樣的父母經，既是天經地義，也就天長地久，當然天大地大了。

家不是學校不是教堂不是法院不是商場

唸經要有道場，而家就是唸父母經的道場。家有家人親情，這是天倫，由老天爺背書保證，不管發生任何變故，都永不分離，此與路上行人不同，在路上遇到的朋友，那是人倫，出於人間遇合的道義，合則留，不合則去。天倫永不分離，也同時失去成長的空間，人倫可離可散，卻反而擁有大幅成長的空間。親情永難突破，道義卻可以再造高峰。如兄弟排行，大哥只是大哥，幾十年還是大哥。惟一的可能變動，就在加上一個「好」的評價而已！而人間行走，隨時尋求突破，大哥可以成為大哥大，名利權勢的序列地位，是隨時升降起伏，而每天重新排比論定的。江湖、朝廷的魅力在此，此之謂打天下。

家不能打，天下可以打，所以英雄豪傑家待不住，一定流落江湖，天涯奔競，去逐鹿問鼎，就是要打出天下來。問題是，家是真的，天下卻是假的。人在病痛，在生死間掙扎，陪伴送別，讓你永不孤獨的卻只有家人，天下人何其遙遠，此所以**回家之路總是踏實的，打天下的路有如踩在雲端裡，終歸幻化成空**。

家是親情貼心的地方，天下父母我心狂野，唸的經就不是心經，而家也就不是道場。第一個錯失是把家當做學校，兒女放學回家，還要考試給分，甚至在兄弟間排名，有如離間計上演，那兒女承受的功課壓力，豈不是無所逃了嗎！家變成分校夜間部，是惡補的延長，少年子弟就此失落了保養生息的基地。第二個錯失是把家當做教堂，要兒女認罪懺悔，甚至還寫悔過書，立下軍令狀，好像不如此這般運作，顯不出父母的絕對權威，那兒女還會是我們的心肝寶貝嗎？第三個錯失，是把家當做法院，每天起訴判刑，說他違反刑法第幾條，又民法那一條，判他理光頭，形同禁閉，或取消零用錢，過清貧生活。他們就是犯錯、考壞，家卻是最後的據點，外頭會輸，家中不能輸，此時更需要父母擁抱陪伴，怎麼反而不要他們了呢？第四個錯失，是把家當做商場，每天問投資報酬率，說已在你的身上投入多少，怎麼一點回收也沒有，好像做的是賠本生意，這是最傷害父母子女間的親情。實則，為人父母要感激兒女，人家願意接受我們的愛，那是給我們榮寵，可別認定他們虧欠噢！想當初是我們想當然耳的把人家生下來，他不抗議，就很夠朋友，很講江湖道義了。何況，我們還要寄望他為我們再活一生呢！

父母經要與師道連線

唸父母經，還得與師道連線。家庭的愛給安全感，學校的教給成就感。兒女在家是唯一的，有如小祖宗、父母加上祖父母，一家寵愛群集一身，他是不知人間艱苦的，上了學沒有特權，眾生平等，沒有人退讓了，他不能獨霸，要在同學間找到定位，尋求好感，並給出善意，不然只有承受挫折。所以，在家中長不大，上學才學會禮讓尊重。此有如青少年，在人間街頭不免散漫頹墮，進了軍營受訓，立即轉型，成了團隊戰士，似乎從愛中走出來，進入嚴格管教，才是成長的轉關。

不過，父母愛兒女，不要忙著當老師，擺出我比你的老師更會教的姿態，因為當老師就當不成父母；而老師教學生，不要搶著當父母，給出我比你的父母更愛你的錯覺，因為沒有人可以取代他的父母。

所謂連線，是相互間填補空白，老師要知道學生在家中的起居作息，父母要明白兒女在學校的學習成果，家庭與學校連線，可以看到孩子成長的全貌真相，親情加上師道，安全感加上成就感，健全的人格於焉養成。

當然，父母愛兒女，也要教兒女，老師教學生，也要愛學生，不同在，父母在愛中教，老師在教中愛。**為人父母，愛守在第一線，教隱藏在第二線；為人師表，教站在第一線，愛退居第二線，**這樣，二者連線，任何時刻，都是又愛又教，又慈又嚴，既莊嚴又自在的成長歷程。

唸經是在擁抱中說教

倘若，學校教育只管升學聯考，只負責分數上榜，而不教養品味格調的話，那家庭就要獨立自主，回到父嚴母慈的經典格局。

然而，嚴慈之間不能僵化滯陷，那會造成兒女只跟慈母親近，而與嚴父疏離的偏頗；所以，角色功能可以靈活轉換，爸爸罵人時媽媽擁抱，而且要說媽媽愛你，不過爸爸罵得對，我們要一起聽爸爸的話；媽媽罵人時爸爸擁抱，而且要說爸爸愛你，不過媽媽罵得對，我們要一起聽她的話。

不要兩人同時開罵責難，那兒女的感覺是沒有天沒有地、天地同時失落，還能活下去嗎？罵是教，抱是愛，在擁抱中說教，二者並行，才是父母經的常軌正道。

要說我們一起，爸爸陪你，媽媽陪你，讓他永不孤單，永遠有依靠，一定要感同身受，同體流行，倘若，父母置身事外，成了旁觀者局外人，依莊子的省思，那是「未達人心」、「未達人氣」，你在他的生命之外，你所說的為他好的話頭，在他的感應裡，都是帶來災難的，因為你說他不對，你逼他落在敗部，如此的救人不就是災人嗎？這般的愛人不就等於害人嗎？所以莊子才會如斯說：「愛之適足以害之。」救人成災人，而愛人是害人，媽祖變祖媽，心經轉神經，真言成咒語，而法力也無異作法了，孫悟空變為豬八戒，唐三藏轉成沙和尚，人間一切美德，盡成魔道，那就唸不成經，沒有神通法力，兒女生不出來，也長不大，更難長久了。

若在單親家庭，一人要扮演雙重的角色，前頭罵，過些時去擁抱，說剛剛的罵是假的，現在的抱才是真的；或是一邊流淚一邊罵，先跟兒女道歉，爸媽對不起你，沒有把婚姻處理好，不過你仍有活出美好一生的權利，爸爸或媽媽願意用一生支持你。就是單親家庭，兒女也可以在又愛又教，又罵又抱間，站起來也走出去。

總之，兒女問題大多是父母問題，學生問題也可能是老師問題，父母不唸經，老師不唸經，就沒有神通法力，生不出來，也教不下去。經是經典，唸經是功德，唸父母經要禁得起；經是天經地義，才能天長地久，且天長地久，才是天大地大，每天唸經修行，把兒女帶大，也讓兒女長成長久了。

7

說第二故鄉

倫理問題，是探討人際關係的理序，當該如何安立的問題。人與人之間，有親疏遠近的關係，遠近的差等關係是「倫」，親疏的對應態度是「理」。關係有遠近的不同，態度亦當有親疏的分異。此一人倫理序，我們即稱之為「倫理」。

人倫關係的遠近是實然問題，倫理的親疏態度則是應然問題。中庸有謂：「君臣也，父子也，夫婦也，昆弟也，朋友之交也。」這是五倫，人間的五種倫常關係；孟子云：「父子有親，君臣有義，夫婦有別，長幼有序，朋友有信。」則是五種倫常關係的應然之理。

親情與道義

父子、兄弟、夫婦三倫，屬於家族倫理，君臣一倫歸於政治倫理，朋友一倫則是社會倫理。君臣這一倫由父子倫推擴而成，朋友這一倫則由兄弟倫發展出來。

家族倫理的根基在血緣親情，政治倫理與社會倫理的準則在人間道義。此為父子之親與君臣之義最大的分別所在，也是兄弟與朋友二倫之間的本質差異處。

父子、兄弟的倫理是天生本有的，故稱之為天倫，是不可離的；君臣、朋友的倫理是後天構成的，並非天倫，所以是可離的，合則留，不合則去。以是之故，家族倫理與政治倫理、社會倫理，在本質上是不同的，此莊子云：「子之愛親，命也，不可解於心；臣之事君，義也，無適而非君，無所逃於天地之間。」

子之愛親，是天生的命，是吾人心中永遠也解不開的親情之愛；臣之事君，是後天的義，雖是無所逃於天地之間，卻是可以從心中解開的。

父子天倫，不管人間遭遇如何，都是命理牽繫，既是不可解，所以，父子不能以道義相責。孟子云：「父子責善，賊恩之大者。」孔子云：「事父母幾諫，見志不從，又敬不違。」否則，親情就保不住了，甚至會出現了難以彌補的裂痕，構成生命中無可取代的缺憾。

君臣人倫，以道義為依據，無所逃卻是可離的。孟子云：「君有過則諫，反覆之而不聽，則去。」若道義維護不住，只得求去，否則，依孔子的反省：「邦無道，穀，恥也。」

朋友一倫的性質，與君臣一倫差堪相近。故曾子云：「君子以文會友，以友輔仁。」又子夏云：「四海之內皆兄弟也。」四海之內的人，都可以是吾人的兄弟，此之謂「民吾同胞」。然視天下人如同胞兄弟，關係卻有異，不是以兄弟的血緣親情，來穩住二者的關係，而是通過詩書禮樂的人文活動，來扶持雙方德行的成長。若朋友之間，如孔子所云：「群居終日，言不及義。」則「無友不如己者」，朋友交情，也是可離的。

倫理即道德

倫理雖有親情倫理與道義倫理之分，有可離與不可離之別。不過，倫理既是應然問題，也就是道德問題。人倫理序，就如孟子所云：「親親而仁民，仁民而愛物。」親親包括父子、兄弟、夫婦三倫；仁民包括君臣、朋友二倫，也包括今天所謂的群己一倫，即如何與陌生的社會群體相處的第六倫；愛物則是今天所謂的如何與自然生態相處的第七倫了。

此中，從「親」、「仁」、「愛」的發動主體說，在本質上並無不同，不同在「親」、「民」、「物」的對象是有別的，所以，就有理序的不同。此大學有云：

「物有本末，事有終始，知所先後，則近道矣。」

人生的道，就在探討何者為本，何者為末，起始何處，又歸終何處的先後問題。道德是本，倫常禮制是末，親親是本，仁民愛物是末，由「親親」而「仁民」，再由「仁民」而「愛物」的先後理序，就是人生之道本末終始的所在了。

倫理在理序上有本末終始的先後之分，本質上則是道德。故孔子云：「本立而道生，孝弟也者，其為仁之本歟！」倫理的本根在仁心，實踐的先後次第，則以孝弟為先，若人無孝弟之行，其他倫理立即落空，有了仁的本心，才有孝弟的德行，有了孝弟的親情倫理，才有君臣、朋友的道義倫理，還有「民吾同胞」的第六倫，與「物吾與也」的第七倫了。

現代人無根無土

今天，我們的社會面對的是價值失序的問題。而價值失序，則是因為傳統的教養，已失去了本有的規範功能。當代是工商社會，一者大家走離了自己的鄉土，到都會街頭打天下，依附在農業社會的大家庭，無可避免的趨於解體，安土重遷一轉而為游離流動，鄉土觀念歸於淡薄。

這一來，人真的置身在一個陌生的境遇中，人間社會是第六倫，自然環境是第七倫，卻不知這新起的二倫，「理」要安立何處？傳統倫理已無力規範新新人類，而現代新倫理又遲遲未能建立，亂象叢生，抗爭不斷，正是不倫不理的病徵。而不倫不理，源自無根無土。本來，鄉土情最深，因為那是祖宗的家鄉，是父母所從來的地方，是自己誕生成長的土地，生於斯長於斯，每一寸土地都有感情，每一段時光都值得回憶。在中國人的感情世界裡，山水雖美，不如田園，山水可以觀光遊覽，卻不能落地生根，而田園雖拙，可以農耕農作，成為鄉土。

今天，台灣地區的街頭文化，是培養不成鄉土情的，流行時髦總會過去，帥哥酷妹無心讀書，而狂飆速成沒有根土。大學有謂：「有人斯有土，有土斯有財。」人生在世，總要落地生根，農耕農作，在風調雨順中，擁有五穀豐收的安和樂利。

所以，中國人說人不親土親，安土重遷，成了民間的信條。民俗信仰拜天公、土地公，正反映出對上天大地的深情。

問題在，財團炒作土地，農地成了商品，鎘污染迫使農地休耕，而高爾夫球場的過度開發也破壞了自然生態，當土地不歸農人所有，農地看不到作物，台灣還是寶島嗎？還是締造經濟奇蹟的台灣嗎？眼看昔日農家耕耘收割的情景，即將消失，而鄉土情恐在金權抬頭下土崩瓦解了。

無根無土，也就不倫不理，沒有商業倫理，也沒有工程倫理，竟連住宅區也有了輻射鋼筋的污染，與海砂屋的剝落，甚至垃圾掩埋場與核能發電廠，到底要設置何處，也成了各地區抗爭的火爆點。一時之間，好像什麼事都定不住，什麼事都不對勁，顯然，重建現代社區新倫理，堪稱為刻不容緩的大事了。

社區新倫理的建立

社區新倫理，意指與傳統植根於鄉土的舊倫理有所不同，抑且與昔日「朋友」一倫也有差異。傳統鄉土的朋友倫，是面對面，有著生命的直接照面，與情意的當下交會；而群己一倫的關係，卻是自我與陌生的社會群體相處，僅有權利義務的對等關係，強調的是社會結構中的角色功能，未有生命的關懷與存在的支持。此其結果是，制度化的行為模式，與客觀化的規範制約，造成人我之間的冷漠疏離。以是之故，當代新倫理，由鄉土轉向社區的自覺調適，亟待建立。

傳統的家族倫理，是以血緣的遠近關係，來定住倫理的親疏關係；今天，農業社會的鄉土觀念，與大家庭的親情臍帶，已歸淡漠與解體，原本的家族倫理，已不足以因應當前社會變遷，當代的社會倫理，不能再以血緣的關係來講，而應該站在住家社區的觀點，來說關係的遠近，判定當親當疏的倫理。社區新倫理，就環繞此兩大問題而展開。

認同社區，建立第二家鄉的觀念

在今天這樣的時代，幾乎少有人可以生於斯，長於斯，甚至老死於斯的在某一個鄉土，過他的一生。我們可能為了求學而離鄉背井，也可能為了就業而四處漂泊，所以搬家變成家常便飯的事。

人有漂泊感，生命就會陷於不穩定的狀態，換工作也換住家，既然四海為家，感情婚姻也被牽動，也在漂泊中。此莊子云：「吉祥止止，夫且不止，是之謂坐馳。」人世間一切的美好，皆止於止，皆止於虛靜自然。所謂的「止止」，亦即「惟止能止眾止」，惟有自己清靜自在，才能引領眾人，也回歸清靜自在。「止」的現代詮釋，是有家可歸，有一個終身可以認同可以歸屬的鄉土，倘若人生失去了心靈的家，精神的鄉土，就是所謂的「不止」，好像沒有依止停靠之地，永遠停不下腳步，永遠在奔馳中。

「坐馳」是雖坐猶馳，「坐」是有固定的工作，有註冊的婚姻，才氣與情愛皆納入結構中，而處於穩定狀態，問題是，假如對工作與婚姻，心存抗拒，而不予認同，則人在結構中，精神卻無所歸屬，仍在漂泊不定中。當代社會，多的是在工作中找工作，在婚姻中找婚姻的人，這就是雖坐猶馳的活生生寫照。大學有云：「知止而後有定。」有了落地生根的鄉土，不必是農耕地，而可以是社區住家，總要認同，才可以安身立命。

我們說漂泊無根的現代人，一點也不為過，再說無家可歸的現代人，就更貼切了。也不是說，我們沒有根，沒有家，而是我們不想認同它，拒絕接受它，甚至自己把家毀了，根也拔了。當然，離開鄉土在外打拚是無可奈何的事，因為農村鄉土沒有工商可以謀職，沒有大學可以深造，只好往都會區擠進。補救之道，是在漂泊中生根，認同自己落腳的地方，也就是建立第二家鄉的觀念。

不然的話，從大陸來的人不認同台灣，從中南部來的人不認同台北，好像大台北地區只是過路人的停靠站，一切只是過渡，都不是終極，這邊破壞了，再換個地方就是了，台灣污染了還有新大陸，沒有人會認為保存這塊淨土，可以是我們世代子孫要生根繁衍的地方。

譬如說，住家在永和市，就以永和為第二家鄉，不能家住永和市，心在西螺鎮，這樣無異自我放逐，每天下班回家，也無異是旅店客居。當然，永和住家畢竟不是西螺祖宅，不過，若不能認同斯土，社會倫理是無根的。

永和市幾乎都是外來人，除了少數農戶地主之外，二十萬人口皆是外地客居，以是之故，永和市的街頭文化最為特殊，公教人員最多，然不認同永和，上班在台北，下班回住家，永和街頭等於沒有文化，鬧區竹林路只有都市文明的塵垢污染，看不出人文薈萃的跡象。因為，大家都藏身在自家的客廳看書，並不參與社區的活動。儘管市政府舉辦文藝季與民俗活動，都如同觀光，場面熱烈，卻是過眼雲煙。除非，永和市的住戶，願意走出自己的公寓，參與社區的文康活動，把教養從書房引進街頭，就不會形成次西門町或近幾條通的文化型態了。

孔子說：「里仁為美，擇不處仁，焉得知？」選擇仁人的鄉里做為住家，是人生的大智慧。現在不是選擇的問題，而是認同的問題，認同自己的社區，建立第二家鄉的觀念，承認自己是永和人，就不會一而再、再而三的搬家。從大陸移居台灣，從中南部遷至大台北地區是不得已的，而從台灣移民美加、紐澳，或從永和再流落到板橋、新莊、三重就不是明智之舉了。

今天，要重建鄉土情，不能走遠離家鄉再懷想家鄉的老路，在洛杉磯想台灣，在台灣想大陸，在台北想中南部，那樣的懷想僅停留在距離的美感，卻沒有切身實感。不如轉而認同現在的住家社區，大家投入參與，給出感情，燃燒生命，這兒就是仁人的鄉里了，大家在此依止停靠，是生命可以歸屬的終極之地。

社區家族化，給出親人般的關愛

認同了住家社區，建立第二家鄉的觀念，讓自己有根有土，就不會上不在天，下不在田的掛在公寓住家中。

家族舊倫理是以血緣親情做為根據，來定親疏遠近，社區新倫理則是以住家鄰居為起點，來定親疏遠近。住家越緊鄰的人越親近，認同社區住家的公寓或大廈，好像是一個大家庭，休戚與共，形成命運共同體，舉凡乾淨、安全、親切、和樂等品質格調，都有待住家一起來維護，組織管理委員會，定期開會溝通，訂定生活公約，有如一支守望相助的團隊，照顧鄰居小孩或老人、輪流帶學童過馬路、做學校義工、清掃街道，青少年相伴長大，培養兄弟般的交情，大人也有共同的休閒活動，包括讀書會、演講、座談、或社區球隊等。如是，社區一家，不僅生活安定，也會感情融洽，帶來溫暖。

今天的社區生活，可謂適得其反，我們只要看每一家都把垃圾從住家帶出，堆放在社區巷口，就可見一斑了。甚至占據巷道擺攤位，把樓梯間當儲藏室，午夜喝酒猜拳，清晨引吭高歌，彼此間叫罵對陣，互相製造噪音，疲勞轟炸對方，所以才有鄰居被大搬家，而周圍住家竟不加聞問的怪現象發生，也才有以鐵門鐵窗封死生路的悲劇出現，而強盜劫財傷人的案件，也才會層出不窮。

就由於公寓生活的「民至老死不相往來」，鄉下父母北來，都有住不下去之感，因為兒子媳婦上班，孫兒女上學，家徒四壁，有如一座空城，老人家無處可去，雖「鄰國相望，雞犬之聲相聞」，卻沒有問候關懷，住不了一個月，就捲鋪蓋啟程回鄉了。

以春節為例，大家放鞭炮，吵得鄰居不得安寧，似乎每一家都可以隨興點它三、兩串尋尋開心，湊湊熱鬧，卻不知隔壁人家正坐立不安呢！倘若，整個社區有如一家人，大家一起慶祝，同時燃放炮竹煙火，在熱烈氣氛中共度佳節，又同歸沈寂，享有假期的溫馨跟寧靜。否則，小朋友的沖天炮，都朝對面人家的窗口瞄準，每天惡作劇不斷，說彼此諒解容忍，那就難了。

過往的老傳統，是家人住在一起，以親情來支撐化解，今天的新社區，是陌生人緊鄰而居，不付出家人般的親情，就難以幾十年和樂相處了。

尊重隱私權，培養公德心

社區一家，既已成為事實，則社會新倫理的建立，自當以睦鄰來取代敦親，在當代的公寓或大廈生活中，真的是應了一句「遠親不如近鄰」的老話。以鄰為親，把原本抽象的仁民，轉為具體的親親，如是，社區家族化，把舊有的鄉土親情，在社區的都市生活中，復活起來。

不過，農村鄉土農忙時節互相支援，茶餘飯後可以在廟前廣場天南地北的聊個沒完沒了，一點也不會干擾彼此的生活。今天的公寓住家，三兩步就兵臨城下，而家居穿著簡便，面對總是尷尬，若老是隨興即至，會讓鄰居有壓迫感，隨時都處於備戰狀態，每天全副武裝，沏茶備菸以待，失落了家居的隱私權，主人回家不得休息，又不好意思請你出門，逼到最後，只好閉關自守，不管按幾次門鈴，假裝不在，以求自保。問題是，對面人家等於監看系統，早晚穿幫，那就傷感情了。

所以，社區新倫理在社區家族化之餘，尚得彼此存全距離的美感。守望相助，但不是每天深入對面人家，在客廳廚房穿插行走，去評點對方的生活水平，計量人家每天攝取的卡路里有多少，這樣的沒有距離，會讓人有相見爭如不見的感受，只好又走回「老死不相往來」的舊路。

在社區家族化與尊重隱私權之間，存在著難以跨越的鴻溝，為了突破這一兩難困局，惟有以公德心來填補導引，而公德心的培養，倘若僅停留在自家的修養，還是缺乏約束力，為了維繫整個社區的親和，可以將公德心條文化，訴諸生活公約，大家共同遵行，來規範應對進退，禮尚往來的分寸儀節。

同時，社區要有共同活動的空間，如遊樂場、會議室，大人在此聊天，少年在此運動，既帶出家人般的凝聚力，又尊重每一家的隱私權，道德本無公私之分，道德實踐與社區規範結合，凡符合生活公約的是公，悖離生活公約的是私，以法制規約來保護社區一家的感情。

公德心落實轉化為生活公約，正是現代化社區新倫理的突破性開展。

建立社區新倫理

傳統農業社會的家族倫理，已不足以因應當前工商社會的急遽變遷，不管是朋友一倫或君臣一倫，都得做蛻變轉化，以求脫胎換骨，才能有新生的活力。

今天，最大的問題在鄉土的觀念淡薄了，大家庭的生活也解體了，到了陌生的社區，面對複雜的人群，會有漂泊無依之感。生命不穩定，就會帶來人際關係的冷漠，與自我的疏離，這樣，社會經濟在快速成長中，卻是無根無本。

我們亟須建立社區新倫理，一在肯定第二家鄉的觀念，認同我們住家的社區，不把自己當做出外人，是歸人而不是過客，**二在社區家族化**，以住家的遠近，來決定親疏的關係，使公寓大廈有一體感，共同維護生活的品質；**三在尊重隱私權，培養公德心**，避開社區家族化所帶的弊端，而保持人我之間距離的美感，並以生活公約來做為互相尊重的規範，以免由於感情直接面對，而有彼此傷害責難的遺憾。

當前，台灣有所謂的統獨之爭，依文化的省思，是鄉土情與中國心的對抗與決裂。鄉土情淡了，中國心也就遠了，所以，拉引中國心之道，在喚回鄉土情；而喚回鄉土情之道，在建立社區的新倫理，這才是根深柢固之道。

8

說人文與自然

「道法自然」的空靈智慧

孔子與老子

中國數千年間,要找出一部篇幅小而氣魄大,文字簡易而義理精深的經典,除了《論語》之外,首稱《老子》。《老子道德經》,不過五千言,卻彌天蓋地,流傳久遠。在歷史的長流,一直成為我們為人處世的人生導師的,一在孔子,二在老子。孔子是至聖先師,老子是太上老君,至聖等同太上,都是最高的理想,先師一如老君,都是最古老的傳統。二者的分量比重,在我們的生命座標,實在等量齊平,倘被迫二者選一,對我們而言,都是缺憾。

而且,儒家的「仁」,與基督的「愛」,在開創擔當的積極進路,可以比肩同步;老子的「無」,與佛陀的「空」,在舍離放下的消極性格,也可以合流並行。人生永遠是兩面的,要提得起,也要放得下,**提得起是付出投入,放得下是看淡走開,提得起要走孔子、耶穌的道路,放得下要有老子、釋迦的智慧。**

我們的人生規範與政治道德，從孔子來；我們的人生智慧與政治藝術，從老子來。再約簡的說，道德的善從孔子的人文覺醒而來，藝術的美從老子的自然觀照而來。倘若，只有儒家而未有道家，盡善而未盡美，善會過於莊嚴，而沒有趣味，這樣的善，轉成壓迫感，會讓人窒息，而難以長久。所以，中國人的路，是至聖先師與太上老君的儒道會合，互補不足而又相得益彰。

從儒家的「仁」到道家的「慈」

孔子說：「志於道，據於德，依於仁，游於藝」。道德仁義的根苗，總要在詩歌樂舞的美感活動與詩情畫意的藝術園地上，落地生根，才能長成一棵生命的大樹。

這一道德的理想，與仁心的發用，都要有遊戲的情趣，去滋潤自己，給出生機，也透顯活力。老子的道家思想，就是開發情趣的活水源頭。

當孔子說：「仁者愛人。」以心中有愛，做為生命的動力與方向，老子卻說：「天地不仁，以萬物芻狗；聖人不仁，以百姓為芻狗。」不仁不是沒有仁心、冷酷絕情的意思，而是從愛的執迷熱狂中跳開，而以更開闊的心胸，即所謂的宇宙情懷，來包容萬物，接納百姓。芻狗是用草做成的狗，用來祭祀，禮成就還歸自然。從草中來，回到草中去，在更寬廣的空間，去活出自己。

仁者有心，不仁就是無心。有心有愛，總會帶著理想，去期許責求我們所愛的人，希望他茁長壯大，開花結果，等待他過關斬將，無敵天下。這樣的愛，會帶給人家沈重的壓力，好像他不光大門楣，不嶄露頭角，就愧對愛自己的父母或朋友。愛的美好，就在相互期許、彼此責求中消退。

老子現身說法，說自己一生擁有三件法寶：「一曰慈，二曰儉，三曰不敢為天下先。」不敢為天下先，要處下居弱，守柔不爭，總說是無為，不要人為造作。不去干擾自然，反而減少人為的錯失，與政治的誤導，這樣天下自然太平無事。所以，無為而治，反而有無不為的效果。不妨害農時農作，在時令節氣的風調雨順下，就可以五穀豐收，這就是「儉」約的智慧。所謂**「事少而功多」**，正是人無為而自然無不為的意思，最簡單也最高明。

關鍵在「慈」。慈是自然界的自然本能，是宇宙生物的奧祕。動、植物純任自然，就會生殖繁衍，而「仁」是人間世的人文心靈，對愛有自我的覺醒，會以成功榮耀排名排行，來做為愛的回報。

好人要有好報，就此成為好人的心理負擔，倘若未得等量回報，愛會有挫折感，它反過頭來，反對自己的愛。所以，人是唯一會反抗生物本能的存在，本來人性天生，一者是男性女性，二者是父性母性，男性女性有時會錯亂，父性母性有時會萎縮。關鍵在安全感出了差錯，而成就感也有了挫敗。

男性女性有愛情，父性母性有親情，同學朋友有友情。愛情、親情與友情，都由仁心發動，問題是，仁者有心有愛，有執著就有負擔，等待回報，責求成果。未料，愛之適足以害之，父母子女間，先生太太間，與同事友好間，有競爭、有比較，男女異性的愛情，父母生性的親情與同性間相聚共處的友情，反而出現了矯揉造作的負面效應，愛轉成恨，恩變為怨，男女會拒絕婚姻，父母也會離家出走，朋友也疏離冷漠，這是愛的傷害，也是心的病痛。

癥結在有心，對症下藥就要無心，無心是不仁，也是老子所說的第一法寶

——慈。

無心之慈是乾坤袋，也是照妖鏡

無心是乾坤袋

慈心是從仁心解放而來，不要那麼有心，那麼熱心，那麼貪心，那麼癡心，就不會癡迷，也不會熱狂，心無偏執貪求，心虛掉對名利權勢的執著，不想打天下、搶第一，就會歸於平靜，且生發包容萬物、觀照萬物的妙用。

譬如，天下父母，割捨自己的喜好浪漫，天道才給了他做父母的特權專利，父親養兒子付出了青春，母親生兒女賠上了身材，這是無心所給出來的成長天地。

人有心不免狹隘封閉，**天地無心所以寬闊開放，可以無限包容又完全接納，有如「乾坤袋」**。中國神怪小說裡，謂修道人功參造化，鍊成了「乾坤袋」的法寶。法寶代表他的法力，在雙方鬥法中，各祭出自己的寶物，不過只要「乾坤袋」一上場，不管多厲害的法寶，還是被收進去，所以它是法寶中的至寶。

老子說：「道沖，而用之或不盈，淵兮似萬物之宗。」道是萬物的宗主，因為它像深淵一般，可以收容萬物，也生養萬物。再問，為什麼它可以有收容且生養萬物的妙用呢？最根本的理由在，它是虛的，可以不斷的給出，也不會掏空，可以不停的收留，也不會塞滿。

做為一個人，我們最大的焦慮在，給出自己的關懷，擔心愛心出盡；承受別人的情意，害怕容受不了。問題是，人生可以修行，人心可以養成，心沒有期求，就沒有顧慮，沒有貪圖，也就沒有禁忌。這時，心就如同乾坤袋的法寶一般，可以放心的付出，也可以放心的收容，虛無是無限量，水注入不會滿溢，水倒出也不會乾枯。

無心是照妖鏡

無心還另有妙用，那就是「照妖鏡」。神怪小說描寫動植物也可以修鍊，日久成精，化為人身。一者顯現他的功力，二者可以混跡人間，以假相顛倒眾生。所以，道行高深的老道，鍊成了另一件法寶，名曰照妖鏡，此鏡一亮相，眾妖怪無所遁其形，在照妖鏡神光觀照下，法術幻相被破解，現出原形的醜陋。

實則，不管是乾坤袋或是照妖鏡，都是心靈修養的境界與功能的象徵。老子說：「致虛極，守靜篤，萬物並作，吾以觀復。」心自致自守，虛掉心的執著，守住心的平靜；心空靈又平靜，就如同一面鏡子，擁有觀照萬物的功能。

人間明鏡高懸，有兩大條件，一是鏡子沒有自己，二是鏡面平靜。倘若，它把自己藏在裡面，等同貼上自己的照片，那麼別人就進不來，也照不出了；此外，它不能凹凸不平，因為會扭曲別人的形相，拉長或壓扁了別人的體態神情。

我們的心，不虛不靜，就如同哈哈鏡照人，會迫使別人扭曲變形，這叫「萬物並作」。我無心，無所求，沒有什麼敏感，也沒有什麼忌諱，家人朋友面對我，就不必顧慮我，討好我，不用擔心我會困苦悲痛，這樣他們就不必偽裝自己，或仿冒別人，不必作怪，以妖的姿態來引誘我，而可以回頭做自己，這叫「吾以觀復」。

我們把自己的身段放平了，以平常心來對待親朋友好，每一個人在我面前，都可以放鬆自己，不必說自己都不相信的假話，擠出自己都不喜歡的笑容，不必人為造作，一起做假，而可以講真話，給真情，做真人，這就還我本來面目的「復」了。

照妖鏡是照破妖怪化身變形的邪惡，也照現妖怪原形的真相，實則是在破解中救人，妖怪做自己，就不妖也不怪了，等同是救人的功德。

此鏡用在人間，大有異曲同工之妙，可以照破人間的虛假，而照現人情的真實。吾心虛靜如鏡，而鏡照人間，不歡迎什麼，也不拒絕什麼，哪一個人都可以臨鏡自照，放心開懷的展現自己，好像在伸展臺一般，找回在街頭人群中失落了的自我。

環保的尖兵與生態的義工

時下，青少年朋友在街頭校園流行耍帥玩酷，要做帥哥跟酷妹，而且，還要帥呆了、酷斃了，才算趕上時代。這樣的帥可真呆，這樣的酷也遜斃了。

實則，真正的帥是欣賞朋友的人，真正的酷是勇敢做自己的人。做自己，可以自在自得，欣賞朋友，也讓朋友自在自得，大家都有個性，有自己的氣度跟風格，擁有自信，就會散發魅力，這才是帥跟酷的正途。不然的話，爭強鬥勝，小眉小眼，老去計較，總要打垮別人，小心眼又死心眼，就痛失了活出美好人生的法寶，既無乾坤袋，又無照妖鏡，既給不出愛，又受不了愛，既照不破假相，又照不出真情，不管讀書做人，真正遜斃了。

所以，輕鬆一下，放下心懷，可以跟著感覺走，追求自己的喜歡，這樣可以保全人文的生態。**大家用真心講真話，給真情做真人，人間街頭與校園課堂，會立即恢復生氣，再現活力**。人與人間，有包容，有信任，相知相惜，共學適道，一起讀書，一起打球，一起工作，一起休閒，發揮團隊精神，集結兄弟情義，又何苦自己關起門來打電動，躲在陰暗的角落吸毒，本來想安他，結局卻是非命呢？就算是一群人上卡拉ＯＫ唱流行歌曲，那也是社會街頭的時髦，依然沒有面對自己的心聲。

再升進一層說，還可以做環保的尖兵與自然生態的義工。站在「仁」的人文觀點，你會認定天生萬物是給人享用的，這叫利用厚生，如此則不免濫墾濫伐，過度開發，打殺稀有動物，變成沒有鳥語花香的世界。站在「慈」的自然觀點，來看自然生態，進行環境保護，讓自然界回歸自然的律動跟軌道。老子說：「復歸於樸。」又說：「道法自然。」樸是未經雕琢的木頭，人做真人，木做原木，而不以人為加工去改造它。說是征服自然，實則是破壞自然，說是人定勝天，卻讓我們後代子孫，失去了可以存活的地球。

平時，我們總覺得陽光、水分跟空氣，是自然的資源，取之不盡，用之不竭。今天，人為破壞了自然生態，工業污染了生存的環境，老子要我們「道法自然」，人生的路要走自然的路，不然水源、空氣的清淨保不住，臭氧層破洞也讓氣候陽光不正常，何止是動物活不下去，人類恐怕也得移民到外太空呢！

問題是，假如人的心靈依然故我，原班人馬上了木星，只是換一個星球去破壞而已，還不是悲劇重演嗎？

老子的書，老子「無」的智慧，老子「道法自然」的啟示，是否給了我們走出迷津的一盞明燈呢？

9

說生命本相

「用心若鏡」的現代詮釋

無為名尸，無為謀府，無為事任，無為知主。體盡無窮而遊無朕，盡其所受乎天，而無見得，亦虛而已。至人之用心若鏡，不將不迎，應而不藏，故能勝物而不傷。（《莊子・應帝王》）

真人是真命天子，假相是死相

「**無為名尸，無為謀府，無為事任，無為知主。**」無為是不要做，老子是講清靜無為，這就告訴你為什麼不要，去做名的主，這個名，當然是名號、聲名，不要去做名的主人，就是說你的一生不要老去爭取那個名，那個名聲、那個知名度、那個排排坐。「**無為名之尸**」，尸是主的代表，以前祖宗過世，就找那個他最疼愛的小孫子，代表祖宗坐在那裏，我們就對著那個小孫子下拜，尸就代表那個祖宗，所以不要去做名之主，因為我們的心不就是一個生命主體嗎？生命主體是我們的真生命，真我、本來面目的我、真命天子的我，而這個我可不是為名來奔走的哦！我們是真命天子，怎麼到人間來一點氣派都沒有？跟人家排隊、排名，還要排場。兒童天真排排坐，就算了，長大就要有點長進，不要讓自己這麼真的生命主體，在人生路上老跟人排隊，變成為那個名、虛名服務的人。

「無為謀之府」，事實上，我們說真我，是指我們的心不要變成一個謀略的府。我們講胸有城府，是說我們的世界是一個城府，就像一個儲藏所，我們的心也像一個儲藏所，很多東西可以進來，我們都把它放在我們內心深處，所以叫府，像府庫一樣。縣太爺的府庫不是把糧食、金銀財寶都放在裏面嗎？但是我們不要成為那個謀略、圖謀的儲藏所，不要成為那個名望聲號的匯歸處，做為名之主。所謂匯歸，就好像吸塵器一樣，把所有的名都吸進來。事實上，名就是刑啊！名就是塵垢、污染。你把塵垢、污染都吸進來，這樣不是真人，只成了名的匯歸處。府是儲藏所，每天都猜測，講謀略、策略、算計，怎樣去算計人家，怎樣贏過別人，這叫謀府。

「無為事之任」，事之任是承擔，不要鼓起英雄氣去開創什麼大事業，例如指揮中心是一切陰謀猜測的大會師，我們不要捲進其中，不那麼功利實效，且不以成敗論英雄，這叫無為事之任。

「無為知之主」，知之主是代表知的發動，這個知是心知哦！心知是心的執著，心的想望。事實上，無為名尸，無為謀府，無為事任，無為知主，這四個都是指我們的心來說的，心才是主。是我們的心在主導，不要讓我們的心變成人間人為造作的匯歸處、儲藏所，或指揮中心、發動者。心一發動，就成了痴迷熱狂，老想怎麼樣跟人家圍標、競標。

名啊、謀啊、事啊、知啊，都是人為造作。你心知執著，執著就去從事，就去陰謀算計，就希望贏得好名聲。事實上應該從後頭的「知」唸回來，一步一步過來，由「知」而「事」，由「事」而「謀」，由「謀」而「名」，所以莊子很有結構理路。心生起執著，就會去從事！從事用心就進行謀略，謀略希望成名，就心為物役，心為物所役，你變成發動者、指揮中心、儲藏所跟匯歸處。

你能無心無為的話，你就是真命天子，有如歷史上的開國皇帝劉邦跟朱元璋一樣，民間傳說朱元璋小時候要下田耕種，他偷懶，就在田邊用泥巴塑造幾個工人，那幾人果真幫他下田去耕種，沒辦法，他是真命天子，捏什麼像什麼。

劉邦打到那裏贏到那裏，牟宗三教授說那叫天才，天才就是他永遠跟時代走在一起，他到那裏，時代到那裏，他不是跟著時代跑哦！是時代跟著他走。所以牟先生認為，中國打天下的第一個天才是劉邦，但是沒辦法解釋，一個江湖浪蕩子，所謂草莽英雄，說得難聽是混混，朱元璋跟劉邦都流落江湖，但就有那種天份，人到那裏，時代就到那裏，這叫真命天子。我們也可以是真命天子，應機嘛！隨時可以融入現場，隨時可以跟這個機結合。假定停留在示相中，你就應不了機，就被定住，戶口名簿就釘在電線桿上，這叫死棋，被將死，僵化了，定了，你的心就變成發動者、指揮中心、儲藏所、匯歸處，就失去真實的自我，就不再能應機了。這樣變成假相，而且死相。女生罵人死相很對，很多男人很死相，因為名之尸、謀之府、事之任、知之主，不是死相嗎？下棋就叫死棋。無為是不要做，不要讓自己成為名之尸，不要讓自己成為謀之府，不要讓自己成為事之任，不要讓自己成為知之主。因為你讓自己執著，定死在那裏。

此身是道場，此心是修道人

「體盡無窮而遊無朕」的「體」，我們講體證、體會，一定跟修養、道行有關聯，叫體盡，身體力行。因為我們生命是一個道場，我們這個人是一個道場，道場不一定是師父修行的地方，我自己這個身體就是道場，最需要修行就是這個身體。你這個身體會有生理官能欲求，會生氣哦！會講氣話哦！會把人氣走哦！所以我們要「體」，要去體會，要去體現，要去體證，都用這個體，會是領會道，現是朗現道，證是證道，要體會、體現、體證的都是道，這叫無窮。人身難得，但是人身要修行，不然會淪落在六道眾生，你體盡無窮的話，就可以遊無朕。無朕是沒有朕兆，也就是從人為造作中超拔出來，關鍵在有心不是定死了嗎？有心就有為啊！我們要無為，就要無心，無為無心，沒有動向朕兆，不要成為匯歸處、儲藏所、指揮中心、發動者。有心有為結在一起，有如黑白兩道圍標，現在我們把這兩個轉化成無心無為。

我們覺得不是光掃黑，還要掃白，因為黑的線路都是白道給的，整個問題出在官僚體系，不然的話，他們怎麼不來圍標我？他沒有說王教授你每個月領薪水分一半過來，因為我沒有暴利，人家盜亦有道，他不會來找我。但是那些營造商、那些管工程的官員，他們上千萬上億的好處，那他當然要分嘛！不然的話，兄弟要跑路啊！暴利所在一定有黑道，走私、販毒、賭場、舞廳、柏青哥一定有黑道。台灣最黑的就是工程，現在還沒有打進去的大概只有司法大廈了，因為很少看到黑道去跟法官分紅包，他大概不太知道這個是不是冤案，假定律師透露一點訊息，他就會去分了。他知道你家：「啊，大啊，分一半來，你昨夜大抓一把。」他一定這樣說，哦我講這個話有夠江湖。無為無心，你加一個無，就可以解套，因為它是黑白官商結合，已經套牢，要解套，得兩邊去解，不要光把責任推給黑道，最大的責任是白道，你說它白道也不對，它早就不白了，是假相的白道，叫偽君子，黑道叫真小人，所以黑道有時候比白道可愛一點，它就擺出來我黑道。

兩邊同時解套，兩邊同時各加一個「無」，這樣的話，無為就無朕，無心就無窮，心無所執著，就無窮！心一有執著，就變成有窮盡，心執著就把自己定在那裏，我抓住什麼，我就被它抓到，我們以為我們抓到別人，事實上是被別人抓到。所以無心，就無窮。無為，對方就找不到朕兆啊！中國武術功夫最高境界就是讓對方不曉得你的動向，這叫兩腳不丁不八，果真站無站相！太極拳高手一站出來，對方不曉得你的動向在那裏，這才厲害。意思就是不要讓人看出你的動向，抓住你的跡象，因為它就是你的弱點。它是無朕，一定出乎無為，而無為出乎無心，無心就有無限的可能，你一有心就定在這裏，你一有為，對方立刻抓住你的軌道，封殺你的出路。高手下棋，可以算到幾十步以後，電腦算得更多，問題在電腦不會創造，人腦會創造，所以還是輸掉，因為人腦你看它不會算得那麼精細，但是它會創造，這一點就夠了。電腦很精細，算得很快，但是卻不會創造，你輸入什麼資料，它就給你什麼結果。人腦想不到幾十步，但是他會創造，每一步都是活的，這叫無窮。

「盡其所受乎天」盡是體盡，去體會、體現、體證，我們也講體念，體念我們的父母，體念我們的親人。要體會，要體現，要體證，都指向形而上。你去體會、體現、體證的是天，而盡其所受乎天叫天真，我去體會、體現、體證一定是講道，人的軀體是道場。那我們的心呢？心是修到真命天子，那麼不管去體會，還是去證成，或者去照現，還是實現，不管是那一邊，你都要去盡，不要體一點點，而是要盡。盡就是充盡，好像沒有遺漏，一通百通，這個道就很特別，你通了就是通了，一體朗現，它不是數量問題，它是品質問題。考試還說九十八分，就差兩分，說九十分，就差十分，它是數量的問題。而體道，沒有數量的問題，它是品質問題，所以說要盡，這個盡就是全部打通，沒有隱藏，都在這裏，這叫盡。

講義理不大好翻譯，你唸翻譯本沒有用，像我們剛講的這些話，翻譯本翻不出來，翻譯本會畫箭頭嗎？它不會。你聽課就這麼好，還有箭頭，還有指標，義理立刻跳脫出來，然後循線讓你知道上下區分「心」跟「為」：無為就可無朕，無心就可無窮，它的結構一定是這樣，趕快再畫兩個箭頭，讓義理顯豁明晰。所以盡的話，就是一通百通，證道就是這個好處，你去體會、體現、體證，都是道。**身體就是道場，而心靈呢？就是修道人嘛！**原來心是修道人，而我們的身體就是一個道場，然後這個體要去會、去現、去證的，都是那個道。

那盡呢？通啊！**道就在這裏，這叫當下即是，所在皆是**。當下即是，所在皆是，也就是前頭所講的當機、應機，當機就是當下，當下即是，所在皆是，就是此時，就在此地，通通在這裏。不是說這是六十分的道，它是七十分的道，只要你去體會、體現、體證，通通一百分，通通精純。但這是要就體會、體現、體證說。還在路上摸索的時候，當然是有高低，但是當你證成體現的那個時候，一通百通，全部朗現，這叫盡。

所謂盡其所受乎天，天是天道，我們所受乎天的有二：一個是天真，另一個是天才。天才本來是天生我才必有用，人天生而有的才氣；如「有聖人之道，而無聖人之才」，是就秉賦才氣說，不過，莊子也將天才與天真一起說，德充符說「才全」，「才全」就是保全天生的本真，像兒童般的天真。草木始生是才，所以全是存全嬰兒般的天真，保存天生的本真，這叫「盡其所受乎天，而無見得」。

什麼叫「無見得」？無見得就是「德不形」，這裏藏有道家的大智慧。存全草木始生的天真，像樹苗、秧苗的萌芽出土，且沒被牛羊給啃嚙掉。孟子很有名的譬喻，牛山之木嘗美矣，牛山那裏的樹木在春天也長出幼苗，看起來很有希望，但是立刻被放牧其中的牛羊吃掉，所以孟子就告訴你，不要讓良心幼苗被吃掉。事實上，牛羊只是一個比喻，它是**指人的名利心、權力欲，會把我們的性善天真吃掉**。人生的修養既要保全天生本真，何以又說無見得？德充符最重要的理念是「才全而德不形」，盡其所受乎天就是才全，而無見得就是德不形。他什麼都有，好像什麼都沒有，這樣才能夠存全，要德不形，才能夠存全天真。假定你形之於外，顯現你什麼都有，高高在上，傲慢而太得意的話，天下人都來搶，你的身家變成戰場，你變成擂台主，每個人找你比武，找你挑戰，那一生永無安寧之日，因為你的身體本來是道場，卻反而變成了戰場，還有好日子過嗎？

問人有沒有德？從存有論來說，天真就是德，天真就是「得」之於天，但是從修養論來說，要無見得，無「得」可見，把德收起來，內歛涵藏，不要讓它形之於外，把你得之於天的德收起來，天真就是得了，他又說無見得，「有」而看起來好像什麼都沒有，無見得，無得可見，這個得是得到的得，所受乎天得之於天道的得。不過看起來好像什麼都沒有得到，這是道家式的修養。不只是明哲保身，明哲保身好像只是一個有效的手段，我明哲保身，把精采收起來，困難在要有真正的修行才藏得住！很多人都藏不住。「亦虛而已」，總說一句，虛而已，講了半天，無心無為是虛，無窮、無朕是虛，無見得是虛，千言萬語歸一個字，虛而已。這個虛就是老子的「無」。

心虛靜如鏡，照現人間真實

「至人之用心若鏡」的「用」是無用之用。莊子既講無用，他怎麼又講用心？所以有些詞語不能執實，它是一個虛意，你不能夠執實，唉！你看他講用心，可見莊子也要講「用」，他講無用之用是為大用，那大用小用還不是用？不能這樣思考。因為那個詞語是不能執實，你一執實，就把它執死，你就把它講死了，最笨的就是把經典講死。就好像爸爸跟兒子下棋，四步棋就把他將死了，哦，雙炮將，片刻解決，下四步就散棋。小時候我贏弟弟就這樣，他吵著：「哥哥下棋！」我說：「好！一盤！」棋子排好，四步就死棋，哦！哭啊！我弟弟差我四歲，現在我說，他都不承認。他這個哥哥也實在是很爛，怎麼可以跟弟弟下四步棋，然後就走了。「是你自己說下一盤的！」因為我跟他講條件：「這一盤下完，哥哥出去玩，你不能跟哦！」那當然越快越好，三兩下就結束了，清潔溜溜。讀經講課一執實等於把它講死了，像下死棋一樣，你一下下在死的位置，立刻人際關係死掉，完全不能動，這是最笨拙的方式。

這邊是個虛意，用心事實上就是心的無用之用，心是以怎麼樣的姿態出現，這叫用心，心是以鏡子的姿態出現，不是府哦！不是謀府哦！事實上「府」也不一定不好，天府就可以，心也可以修成天府的境界！你看我們唸齊物論的時候，不是講「靈府」嗎？這個府一定要「無」才會「靈」，所以靈府就是無心！剛剛講無心就無窮，就是天府靈府。譬如說一個人心無城府，就是那個人很天真，所以用心是心以什麼樣的姿態出現，心是以鏡子般的姿態出現，人生有如粉墨登場，心的出場就是以鏡子的姿態出現，而不是說莊子也在運用心哦！那就講死了，執實會把古書講死了。你看莊子講用，你怎麼會說他講無用，你看他講大用，大用也是用。事實上，他的大用小用是超越的區分，大用是指天道本身的用，人間所有的用都是小用，只有天道本身的用才是大用，你不要用人間的語言，來理解天道的用，大用事實上就是道用，天道的用。

進一步說，以鏡子的姿態出現，這樣就不會成問題了嗎？還要當機，要應機，鏡子要下凡人間的，我們的心下凡人間，真命天子是心啊！心下凡人間，那麼以怎麼樣的姿態出現？以心的本來面貌出現。那鏡子要應什麼機？要照人，要照現萬物。如何照？底下說，「不將不迎」，將是抗拒，迎是迎接，它不抗拒，也不迎接。不將不迎，不管那一黨的候選人來，他都站台，只是我們的大眾傳播一定要幫人家分黨派。身為縣長，代表他全縣的縣民，在幾組總統的競選人馬裏面，他都要站台，因為將來那一個人當總統，他才會給地方建設補助，所以你不能怪新竹縣或台南縣的縣長，幫那一個人站台，他不將不迎啊！現在不是我的立場或我的好惡，我出身什麼黨不重要，我是這個縣的縣長，這叫用心若鏡。假定說我是民進黨的縣長，國民黨的候選人我不理，那只是意氣抗爭嘛！抗爭的結果是縣民受害。

所以一個人站在什麼樣的角度，什麼樣的觀點，什麼樣的身份，最好要像一面鏡子。不是我的問題，是縣民的問題，這叫「聖人無常心，以百姓心為心」。老子是說一個聖人，一個政治領導人，他沒有自己的心，選民的心，就是他的心。你不應該有自己的心，人民的心就是你的心，這叫**聖人無常心，以百姓心為心**。聖人沒有自己的心，就像一面鏡子，亦虛而已。

人生的困擾不是從心的執著出來的嗎？所以功夫就要在心上做，虛而已，就是心虛而已，心去做虛的功夫。這不是現在所謂「心虛」的意思，好像對不起人家，感覺虛欠，心蠻慌的，那個叫心虛。莊子講的虛是修養，功夫的字眼，亦虛而已，這個虛是功夫。不要成為知之主，不要做為謀之府，無為是修養功夫。那麼怎麼樣的人，可以說是帝王呢？一個看到天下人的人才是帝王。看不到天下人，就叫獨夫，因為眼睛只看見自己。就是看天，也是空的，天也空掉了，所以叫天空。眼睛只看自己，就是獨夫嘛！心中只有自己，叫獨裁，叫專制。所以一個真正的帝王家，是一眼看到天下人。那怎麼可能一眼看到天下人？平時我們都只看到一半，看到我喜歡的那一半，然後一定是抗拒我不喜歡的、另一半，意識形態就是這樣。虛就是把你執著的立場跟觀點虛掉，我的黨團、我的派別、我的學門、我的地域、我是那一縣的？我是那一地區的？還有是那一個行業、那一個階層，你要把這些無掉，你才不會有心存抗拒或迎接的造作。抗拒、迎接是通過你的執著、分別來的，有執著，有分別，就有比較，有得失，所以就會有好惡趨避。有你喜歡的，就有你討厭的，很多人直接回答我討厭，另外只要我喜歡，有什麼不可以？這是先入為主的心知。心起執著，執著帶來分別跟比較，好惡立刻藏不住。我喜歡，我討厭，然後我抗拒，我迎接。所以為誰站台，跟著那一個團隊行走，就不是鏡子，你不是縣長還可以，你沒有縣長身份要怎麼樣都可以；有縣長身份的話，當初我們選你，是選你出來幫我們做事，不是選你出來走民進黨的路，我們是覺得民進黨提名的人，是真正想做事的人，有良知的人，形象比較清新。那你上台以後，怎麼就擺出民進黨的態勢呢？而下一回選舉，國民黨又宣稱要光復台北縣，誰請你來光復？我們什麼時候失陷？這是我們的選擇，你怎麼來光復？你說光復台北縣，就對不起台北縣縣民，難道上次我們選錯了嗎？任何人都可以來當台北縣縣長，說要光復，是看不起台北縣的縣民。縣長不該有那一黨派的特定立場，另一黨派也不要說來光復的話。所謂虛就要忘掉你的黨團、流派，你的主觀好惡，你的身份地位，你都要放下來了，這樣才叫虛。

虛有如一面鏡子，那鏡子有什麼好處？鏡子不會討厭誰，鏡子也不會喜歡誰，誰來都可以，這叫「不將不迎」。你曾看到鏡子拒絕照那一個人嗎？沒有。不管那一個人來，它不會把你照成漆黑一團，或把你照得灰濛濛的，像倩女幽魂，或自己看了害怕，像神算季咸一樣。它不將不迎，因為它無啊！無了以後，就不會抗拒，也不會迎接，鏡子從來不會這樣的小家子氣！

走進小學校門口，迎向一面大鏡子，師生進去，每一個人看到自己，臉上有笑容嗎？衣服整齊了嗎？並沒有說今天只照六年級，五年級走進去，被彈跳回來；四年級過去，被罰站；三年級過去，被打屁股。沒有的，鏡子不做這種事情，全部照，不將不迎，因為鏡子最公平，所以才是真命天子啊！才是帝王家啊！他一眼看到每一個人，他心中有每一個人，心就是鏡子，鏡子照每一個人，它只是「應」，它回應你，這個回應就是照，它照現你，它不偏心，它沒有偏見。不偏心，就不會有偏見，沒有偏見，就不會把別人看扁。哈哈鏡會把人看扁，你看了嚇一跳，把人壓扁拉長，像水桶竹竿一樣，把自己嚇死。

鏡子不會，鏡子不光是虛，還要平。**「致虛極，守靜篤」**（老子十六章），一方面要虛，一方面要平，鏡子才會如實照現。所以它不光是不抗拒，不迎接，它最大的功德是它看你，讓你不會在這個世界上被冷落，被漠視，被抹煞，這世界上很多人故意冷眼看你，冷漠對你，這叫什麼？抹煞。這個抹煞用得很好，今天叫什麼？抹黑，心黑的人才會把人家抹黑。他的心肝黑，你站在他面前，他就看你是黑的。所以不是你黑，是他黑。抹黑不是把黑抹在你臉上，而是抹在他自己的心上，抹黑抹自己，有如罵人罵自己。「應」就是他不會讓那一個人被抹煞，被打入冷宮，被凍結。有時候人會被人際關係凍結，所以要解凍，要破冰。

台灣的外交空間就是被大陸凍結，李總統專門負責解凍跟破冰，破的結果就是，大陸花了四十億（人民幣）做軍事演習，超過台灣四組競選總統人馬的經費總合，不曉得國民黨花了幾億？大陸四十億！換算台幣乘三點五，多少？

一百四十億！我看國民黨不可能花那麼多錢。阿輝仔的魅力，主要在他的氣勢，他的氣勢與台灣鄉土結合，隨著軍事演習而高漲，那邊越演這邊越熱，所以真正花大錢的是大陸。我看發動演習的人一定會被批判，很可能要為這次軍事演習的挫敗負責，他以為可以壓過台灣，沒想到剛好把台灣拱上世界舞台。突然間我們有了全球知名度，要**「無為名之主」**都不可能，我們不想成名，卻成名了，擋都擋不住。

不能被冰凍，被凍結，這是不人道的。不能用冷眼看人，故意把對方抹煞。鏡子最大的好處就是，它全心全意看你；它從來不分心，它沒有心可分，只有一個鏡子般的心，不管是誰，它全程、全面、全心看你，所以它得到所有人最大的好感，這叫**「應」**。為什麼我們對鏡子有好感？因為它全心全意看你，全生命看你。我們被看到就是被賞識，被賞識就是被尊重，你就不會覺得你是天涯淪落人，你就覺得你自己很重要，在人間街頭流失的我又回來了。

你在人間街頭，要嘛被抗拒，要嘛被迎接，就算是人家奉承我們，我們也受不了，覺得怪怪的；而人家抗拒你，你又有挫折感。鏡子從來沒有這個狀況，它把在人間起落不定、搖擺不定的你重新找回來，可以站在鏡子面前得到肯定，有實存感，我就是我，我就在這裏，這樣的話，真我回來了。在街頭失落的自我，在鏡子面前重新找回來，這就叫照現。

他看我，等於他生我，情愛讓人重生

現是實現的意思，當他看我的時候，等於他生我。我在解釋情愛世界是這樣解釋的。我們一生被生兩次，第一次是我們的父母「生」我們，第二次是我們所愛的人「生」我們。所以媽媽罵兒子：「你是你太太生的。」沒有錯，還好我媽媽沒有罵，不然我會用道家解釋給老人家聽，媽媽你好天才哦！你是老莊的化身。本來就是啊！媽媽把我生下來，太太是用眼光眼神生我，憑什麼人家要一生看你？憑什麼？他又不是你的媽媽，所以他當然是另外一個媽媽，是兒女的媽媽，是外面娶回來的媽媽。舊時在家鄉聽一個老鄰居說：「哦！很慘，娶媳婦娶到婆婆。！」這句話實在太傳神了。娶媳婦卻娶到婆婆，那有什麼不好呢？媳婦疼你有什麼不好？他每次跟人家下棋，下到入神，最後關頭尿急才一路跑回家，卻來不及了。因為他跟人家打賭，一盤棋五塊錢，每一回都被媳婦罵，因為尿濕了褲子清洗衣服的卻是媳婦。他還好意思在我家歎氣說，娶媳婦卻娶到當家婆婆。

我們對道家的「看」，一定要有一個真切的體會，看是生，看是另外一種生。人生總是要有戲碼，要有舞台，你才能夠登台亮相。另一個問題是，你有沒有觀眾？沒有人看，那還叫登台亮相嗎？所以人家肯看我們是天大恩情。現在的人很奇怪，人家好意看我們，還揍人家幾拳，青少年不懂事，果然是新人類。沒有辦法解讀人家的善意，人家看你，是人家欣賞你。大概那個人看的角度不對，他用白眼球看，黑眼球一下子不見了，你白我一眼，我揍你一拳。「看」是另一種「生」哦！道家式的生！所以「應」事實上是「看」也是「生」，拒絕看就毀掉別人，迎接也不見得是真誠，他是不得不然，一邊迎接你，一邊心裏不曉得罵了多少句哦！像「鹿鼎記」的韋小寶。

鏡子不會，它全心全意看你，而且不是光看你，還看天下人，看每一個人。

它怎麼可能全心全意地去看天下每一個人?答案是它不藏。它有一個訣竅,它不會把你存在心底,這是鏡子的奧妙。你在它面前,它看你;你走開,它立刻把你忘記。不過對人來說這太難,因為我們喜歡的人走開,我們就開始唱忘不了,從少年唱到中年,還在唱。你當然可以忘不了以前的人,問題是你對當前的人不公平,你留戀過去,你就是抹煞現在,你對現在的朋友不公平,而且你會用過去的圖像來看對方,你喜歡的形象,如同初戀的情人,用初戀的情人來看現在的人都不對,所以你「藏」的話,根本就看不到新人。我在師大讀書的時候,郊遊歸來洗出一張相片,到現在還保存,是同學的傑作,兩重影像疊現,那個底片照了兩次,很特別,所以又是主角,又是配角。心中藏有舊時歲月,你就看不到現在的好時光,它會重疊、模糊、不真實、交錯,所以鏡子不藏,不藏就是沒有底片,因此我們不說是攝影機,或是照相機,而說是鏡子。因為照相機的底片一定是留存,你照了這個人,就不能照其他人,每一段底片只有一個鏡頭,只能看那個時刻、那個現場,下一個時刻、下一個現場它無能為力。而鏡子呢?無窮無盡,它不藏,才能夠靈活的因應,才能夠真正的回應。

藏就有主觀、主見，變成偏心、偏見。原來的主變成偏，因為原來的主是已給這個人，換另外一個人已變成偏，因為你用這一個人的形象，來要求另外一個人，那不是叫偏心嗎？你原來叫成見，現在叫偏見，所以一定要不藏。這是道家式的智慧。應而不藏，回應天下而不藏天下，就因為不藏，才能夠回應。一定要「德不形」，始得「才全」。如何不形於外？根本在不藏於內，所謂不藏，正面積極的說是「應」，消極的說是不將不迎。而鏡子的本質就是不藏，只要你走離鏡子的前面，你的形像立刻消失，那不是太無情了嗎？不會啊！它要迎接下一批來到它面前的人，譬如說上了國中都想小學同學，那國中同學呢？上了高中，又想國中同學，而討厭現在的同學，上了大學，又想高中，這是「藏」的後遺症。你藏小學，就應不了國中；藏國中，就應不了高中；藏高中，就應不了大學；**藏過去，應不了現在**。你用過去的標準來抗拒、迎接，那麼就只有昨天，沒有今天，如同失落現在的人，他一生都活在過去，竟然失去了現在，最動人的是現在進行式，此情此景，現在進行式是活生生的，不料活生生的現在他看不到，他在尋求他的記憶。

道家希望我們像鏡子一樣，這叫過而忘。王船山講逍遙遊，就是用過而忘來說，當下過，要當下忘，假定你不忘，你就沒有過。所以很多人連過去都還沒有過哦！因為他沒有忘，就沒有過，沒有忘，就是還在藏，還在隱藏。本來隱藏也沒有那麼嚴重，很多時候只是我們對歷史的尊重。譬如說我保留了一些信件，至少二十五年了，那個時候都沒有寫什麼文章，每天發表文章都在書信，跟我的學生寫信，他們的信都還藏在我的書櫃裏，事實上那個「藏」已是歷史。

我想，那一天要把那些信留給我的學生。問他們記不記得以前寫來的信，做為他們一生重大的成長回顧，他們一女中剛畢業，正在大學唸書，那個時節老師的心思全在學生身上，自己的兒女還沒有出來，除了自己之外，就是學生。書信是代表對歷史的尊重，倒不是要藏什麼。看起來像是藏，實則不藏，心不藏。我們要保存歷史文物，就像故宮博物院，不能說要忘了、所以這個時候講「不藏」，應該從心境來說，而不是說什麼過往歲月、陳年舊事，都要把它忘掉，視之如敝屣，不是那個意思哦！只是說你要隨時放下，凡存在過的不會消失，但是你要對應當前、當下現前，給出公平，不是要你否定過去，而要你面對當下現前。不然的話，我們會誤以為道家是要我們把過去打壓掉，且抹煞掉！但它是我的成長軌跡啊！凡存在的不會消失，凡存在的在生命史上只要是真的，就在那裏，但是請給當下現前一個空間。這樣的話，就是「應而不藏」，就是「過而忘」！不藏就是忘！沒有忘就還沒有過，還沒有過關，就被卡住！所以忘了以後，你才過。

無心有如照妖鏡，照破假相，現出原形

「勝物而不傷」，這個勝是盡，勝物而不傷，盡物而不傷害物。我們希望我們被看到，是全面看到，而不是只看到一邊、一部份，就如你成績很好，他只是喜歡你的分數，你還是覺得你沒有被喜歡到，或者他只喜歡你的穿著、打扮，或者喜歡你每天都是乖乖牌，然後把你當做嘲弄的對象。像我們廖委員（國民黨立法委員廖福本）電視上有一段很精彩的評論，在TVBS，現場訪問一位女士，我沒有注意到她是何許人，反正不是陳文茜（民進黨文宣部主任），是另外

一位女士。她說為什麼廖福本老換不下來，她不好說形象很差，而說是爭議性人物。說為什麼換不下來？因為所有國民黨的不好，只有他承受得住，原來他是被罵的代表。哎呀！廖委員怎麼不知道呢？「君子惡居下流」，因為「眾惡皆歸」焉，國民黨的塵垢污染都在他身上，那個叫什麼？老子說：「受國之垢。」因為大家都要面子、要尊嚴、要榮耀，他可以不要，這很難噢！假定他真這樣，那麼下一回，我要遷戶籍回雲林縣，去投他一票。老實說，這是很不容易的。那位女士發表的驚人議論，很精采！為什麼老換不下來？每次都說非換不可，都換不下來，因為沒有人可以擔當他的職務。誰願意被罵？只有他，被罵也不發火，他都承受，好幽默哦！合乎老子的標準「受國之垢」。所以人家說，你要了解國民黨嗎？請看廖福本。那可是他們說的，不是我說的，因為他是我學長，我可不能說。

勝物就是盡物，全部被看到，平時我們都只被看到一部份，所以相識滿天下，知心有幾人？朋友就是要知道我們的心事。所以我們要盡物，天下人的全人格都被看到，他才是真正的重生。我們都要尋求重生，但是我們要有知心的朋友，像鏡子一般的朋友，鏡子一般的心靈，他才會「應」，才會盡物。因為不藏，所以不傷，倘若他藏，他會用過去的那個人來傷害我們哦！我看你不如我以前的同學，不如我以前的朋友，這是很傷人的，什麼最傷人？前後比較，還分別高下，**有執著就有分別，所以不能有分別心，有分別心就有比較，有比較就有得失，這樣最傷人**。

他只是「應」，所以他「盡」，他全心看你，你全面被看到，了無缺漏遺憾，體盡無窮與盡其所受乎天都是盡。儒家也講盡啊！盡心、盡性，這個盡太關鍵了，盡情、盡心、盡性，全人格、全面的，品質沒有打折，全面被看到，沒有任何傷損，要不然**他只看你一邊，就傷到你許多邊**。勝物而不傷，沒有受到任何的壓抑，沒有被抹煞，你整個人都在那裏，一次生，全部生，獲得重生。陳壽昌的註解說：「應萬變而不傷本體。」此一體會不如我們，因為情味差一點。他是前清的讀書人，在人生體會上，我們是可以後來居上，不見得前人什麼都比我們好。所以，我說道家的心鏡，有如照妖鏡，人人在鏡子面前，不必隱藏自己，因為鏡子不會記得，不會深藏，你就不用去擔心，也不必壓抑，放心的把真正的我朗現在鏡子面前，原先為了討好的偽裝跟假相，都可以放下破除，豈不是等於照破妖怪的幻形，而現出本真原形了嗎？這一原形就是真我，沒有作怪的我。所以像人妖，或好以怪異形相出現的影歌星，都是受了觀眾的害，因為他們想討觀眾的歡心，源頭是觀眾有心，迫使影歌星有為，人為造作，作怪而成人妖，反成流行時髦新潮，觀眾、歌迷也跟著作怪，時代終成妖怪的舞台。再問世俗大眾何以會有心呢？因為寂寞無人見，為了走出千古寂寞，就在影歌星的花邊新聞或怪異形相間取得補償，若人間眾生有平常心，有如一面鏡子，影歌星可以回歸自我原形，見怪不怪，大家做真人了，而真我如實再現，豈不是走向重生嗎？

只要我們無心，有如明鏡般照人，我們就像神仙般的修行，擁有了「照妖鏡」的法寶神通，破解人間作怪假相，讓人人回頭做真人、顯真相、現原形，那就功德無量了，因為親人朋友可以在我們的心鏡照現間得到新生與重生。

因此人不要算命，而是看命，算命算死了，而看命看活了，這是大哲人莊子的空靈智慧。

10

說示相與識相

展現真相與真我

當機示相是融入現場

莊子書中，應帝王篇的「神巫季咸」，可以說是義理跟架構都很完整的寓言故事。壺子講「未始出吾宗」，我們平時都「出」，像我們現在在這裡也算「出」，走出了我們自己，來到這裡，就給出一個身分、一個面相，彼此看到對方，互相認識，互相尊重，互相學習。這個「出」就是我們已經給出一個相，所以我們彼此間才看得到對方。

我們從自我，從真我，從本來面目走出來，這也是代表我們對人間社會的體貼。千萬不要讓別人看不到我們，你一定要給他看，不要給他難看。一定要給人家好看，這叫示相，然後我們的朋友就可識相，你顯現一個相給他，他就能夠接納，叫識相。我們示一個相，我們先從自己走出來，給出一個相，那麼人家就可以識這個相。這就是「出」。

「出」的時候你一定要面對一個「機」，你要當機、應機。這個「機」是現場，應機就叫融入現場，把自己融入現場。所以一個人隨時要有一個現場。現場叫存在感，存在感很重要，不然的話，人來了，卻是失魂落魄的樣子，好像魂魄掉在地上，等一下再一路撿回去。以前做小朋友的時節，在路上摔了一大跤，阿嬤就會帶著孫兒一路問：「在那邊摔跤的？」我就指著說：「這裡！」原來魂魄掉在這裡，阿嬤就會幫你撿起來。怎麼撿？抓一把泥土放在你的嘴巴裡面，說：「好了，回去吧！」魂魄已經吃回去了，我就是這樣長大的。所以我們講當機、應機的時候，用現代的說法就是融入現場。你對人生每一當下有存在感，這個存在感是一個真實感。

看起來示相的相，好像是一個面具一樣，或是一張臉譜，像「平劇臉譜」，我們戴上的是「人家的什麼」的面具，畫上的是「人家的什麼」的臉譜。人生是一場大戲，所以這個「出」就像粉墨登場，要演得像一點，要入戲，我們要融入，你不能變成局外人，變成旁觀者，事不關己，那是你家的事，包括自己都是你家的事，你看著辦吧！反正我不想活了，真不像話。所以，這個「出」不見得就是不好的意思。人家根據你的相，就可以看你的命，叫相命。看你是印堂發暗，一副魂不守舍的樣子，鐵口直斷就說氣數該盡！

齊物論講「今者吾喪我」所顯的相，就是「形如槁木」。問題在，你只是看到我「形如槁木」，但是你怎麼可以說我「心如死灰」？我的心擺脫我的形軀，所以形軀看起來顯得乾枯，但事實上心是活的，心靈是全面開放的，所以道家的虛，藏有一切的可能。所以今者吾喪我，看起來好像是天龍八部的枯榮大師，那是人不可貌相，那個是修行，修行給出來的不一樣，他剛好把自己的形軀遺忘掉，把整個生命收在他的心裡面，這個時候相命是算不準的。

不是他神算，而是你淺薄

一般說來，我們走出來就是戴上一個面具，畫上一個臉譜，然後大家粉墨登場，紛紛入戲。我們希望大家有真實感、存在感，融入現場，這個叫當機、應機，所謂杜德機、善德機、衡氣機的機就是這個意思，對應每一個當下的機。整個算命過程是壺子考驗季咸，同時教導他的學生列子，因為列子醉心於季咸的神算，壺子說那是因為你太淺薄了，所以讓人家一眼把你看穿，看穿就看扁了、看透了。為什麼看透了？因為太淺了嘛！這叫淺薄。為什麼淺薄？因為太愛現了，愛現的話，你整個生命要伸展顯現，就什麼都寫在臉上。這就是淺薄，因為你一直想伸展。想伸展自己，跟別人對抗的話，就把什麼都寫在臉上，所以你淺薄，人家就一眼把你看扁、看穿、看透，不是他神，是你淺薄。

那麼怎樣才能夠深遠？答案是「未始出吾宗」。吾宗是宗主，我說這個叫真命天子，應帝王不是真命天子嗎？真命天子在此。每一個人都是皇帝，我們生命中的自我是個真命天子，那麼現在呢？下凡人間就是了。下凡人間一定要給出一個相！人間一定要有角色、有分位、有本分功能！在這個現場我們是做什麼的？在這個情境裏面我們是什麼身分？立刻融入，這樣的話，「出」也不一定就不好。那為什麼壺子會認為是不好？只因為你淺薄而已。事實上，這個示相是無限可能的！因為每一機不一樣！不同的機，你就可以有不同的相，這個背後是很靈活的，這叫無限的可能。他一定要很生動，所以到那一個現場，他都是活的。假定你把古老的臉譜、老舊的面具戴到一個嶄新的情境，那就不行了，那就不生動了，那叫僵化，因為你戴錯了地方，這個面具不該出現在這裡，這個臉譜不該出現在這齣戲裡面，大概是習氣使然，忘掉換了，然後大家受不了，這就叫僵化，就不是靈活跟生動，是生硬死板。

人不可貌相——「命」的不可預測性

儘管每一個當下，我們只能有一個臉譜或一個面具，但下一秒鐘，或者是錯過今天，又不一樣。這樣的話，命是不可算的，你怎麼能算我的命呢？現在可以，但是在下一個現場，在下個時刻，我不一樣呀！這叫不可預測性。我記得朱高正在最活躍的時候，他說他自己是不可預測性，不曉得他什麼時候又跳上台，他發飆、抓狂，都出人意表，那是他生命最豐沛的時候，現在的他就可以預測了，他講易經哲學，他分析卦理，所以他的魅力就開始衰退。我們李登輝總統的魄力就在大陸也不曉得他什麼時候會講什麼話，不可預測性，因為他「未始出吾宗」，他不給大陸看。

現在我們希望台灣要有一條穩定的路。兩岸關係走向穩定，但是我們希望每一機都是活的，都是生動的，都是真我。吾宗就是真我，真命天子是真我，那走出來給人家看就是假的嗎？不見得，「出」不見得是假，不應機才是假，你當機、應機你是真，我真不真？自我一定是真，現在是從你能不能融入現場來說真假。

所以並不是你給人家看到了，你就很差了，要不然你要把人嚇死嗎？我看你看不到，豈不嚇死人，尤其在農曆七月。所以這個時候一定要聲音先出來，腳步聲讓對方知道我來了。有人到現在還玩那一套遊戲，突然間從後面喊你一聲，就嚇死了，這是不禮貌的！包括打電話，先說：「喂，我是王邦雄。」再說：「我是他的同學。」或「我是他的朋友。」一定要讓對方知道你的身分，而且知道跟你要找的那個人的關係，他才好稱呼你啊！我們最受不了的電話是「未始出吾宗」式：「你猜猜我是誰？」又神秘兮兮得意笑兩聲，他老兄是未始出吾宗，我們就墜入十里霧中，走不出來。可不可以請你走出來再打電話。要打電話就得走出來，讓對方知道你是誰，這代表你的身分，代表我們跟他的互動關係，雙方的互動關係出來，才好說話。我是代表那一方面，今天是來做什麼的，互動關係第一個是我的身分，第二個是我跟你的關聯性，這個就是所謂的面具跟臉譜。

示相不一定是不好，淺薄才不好，為什麼淺薄不好？因為他已經遺忘了「吾宗」，大家每天都戴一樣的面具，畫一樣的臉譜，任何現場、任何時刻都是撲克牌面孔，像老K一般，都只有一張牌，每天給人家看。你隨時靈活，這樣，相不一定不好，一定要給出一個相，所以相命是有道理的，只是當我們看這個相來測定他的命時，不要忘記他有「未始出吾宗」，這叫源頭活水來。不然的話，人的相這一相就相死了，因為我們都有傷感沮喪的時刻，那個時候就很頹敗、很灰色、很低落，甚至很絕望！那豈不是被判死了嗎？如果大家都知道你還有這個真我、真命天子，大家就會陪你一段，把你引出來，讓你過了這一段最黯淡的時刻，然後迎向一個無限的靈活生動的可能，這叫又活回來的。人是會活回來的，但是畢竟在某一個時刻、某一個現場，我們的相可能很差，因為人生會碰到很多問題。但請不要忘記了莊子這個寓言故事。

季咸那麼神，只是他通不到「吾宗」真我，壺子現給他看生命本身，看列子你要追隨誰，他發現有一個高手超過老師，不過這個高手卻是淺薄的高手，壺子就要讓他知道：還有上層的「宗」，跟「天」一樣高，而「相」是在人間的，下層是季咸，列子你要那一邊？你是要走老師「宗」天的路呢？還是走季咸「相」人的路呢？還能夠走他的路嗎？他都逃掉不見了，在人間消失了。何以他會在人間消失？那是因為壺子把「未始出吾宗」給他看，這要有神通的人才能現，一般人只能現我們現在的相，很難現原來那個真我，那是很高深的工夫境界。

真人不露相

壺子是師父，他似乎可以跳開當下那一機，把原來看不到的那一個真我給出來。現出生命本身，就是不示相，不給對方看，同時有如鏡子般返照，讓對方看到他自己。季咸看不到壺子，他幫壺子相命，結果看不到對方的相，因為對方不示相，他就不識相，趕快跑。你幫人家看相，結果連對方的相都看不到，還有金字招牌嗎？立刻逃。從另一角度來思索，壺子不給他看，就是變成一面鏡子，他讓他看到自己，你一生幫人家相命，以為自己很神，一看到自己，才知道自己是天涯淪落人，趕快逃走。

逃走的意思，就是他要重新去找失落的自己，所以事實上是在指點季咸。列子後來不是離開了老師嗎？回到他的家去修行，把自己的尊貴、傲慢、優越全部放下，幫太太做飯，跟豬生活在一起，每天都是老老實實過日子，沒有榮耀，沒有傲慢，沒有光彩，沒有亮麗，漸漸把那些外在的光環不要了。外在的光環不要了，名利權勢不要了，然後才顯現原來的你，那叫真人。

所以列子的結局，我們相信就是季咸的結局。不然的話，這個故事太慘了，因為季咸一定是個很精彩的人物，很聰明，絕頂的聰明，很敏銳。你看他算命的過程，每一句都是真的，他不隨便說話，他看不到就看不到，逃就逃，大丈夫說逃就逃，看不準就看不準。嫌人家的表情不統一，就好像服裝不整齊，無從判定「命」的好壞，只好說明天我再來看你。那是壺子故意讓自己的相變成兩極端，一邊神采飛揚，一邊黯然神傷，所以他只好說：「等明天你的樣貌整齊了，我再來相你的命。」這樣的人應該救，因為你把他轉回來，他對人世間的貢獻一定很大。所以看起來好像在人間消失，其實消失的是假相，他在尋求真相真我，所以假定你沒有直通真我的話，就會變成假的哦！要嘛變成僵化，因為你生硬、僵化、死板、撲克牌面孔、一號表情。

一號表情的演員只要一號表情就可以演連續劇，只是佈景在換，他表情都一樣。因為你只有一個，所以不同的時段、不同的現場，你都是一成不變的一號表情，這就變成假。從僵化死板來講假，不然的話，怎麼會假？那從那邊講真呢？從你的應機這邊講真。所以我們說要相應，現在你讀老莊，心情不相應就讀不來，譬如說你來這裏上課聽講，是希望今天聽完，明天就可以知道買那一家的股票，那就不相應。這裏開課是跟現實功利不相干，你來這邊是要把一切放下來，所以不能急的，不能說：「今天怎麼只講兩段。」我告訴你有時候兩節課才講兩句，不是兩段。

所以你一定要心情相應、應機，應華山講堂這個機，這是完全不同的地方。就像陳履安先生所講的：「這是完全不同的選舉！」他進行一場完全不同的選舉，那你就要應機才行，但是政治大選不是宗教信仰，所以也沒有辦法爭取先機。台灣還沒有前進到可以選修行的人，台灣還沒有進步到那個地方，台灣還要靠魅力，靠站台兩百多場。李總統說他站台兩百二十幾場，老實說，那要靠生命力。宋楚瑜到屏東講屏東話，到宜蘭講宜蘭話，那不容易，到客家村講客家話，更不容易。他是所有在台灣外省籍人士的模範生，他真的認同台灣，認同客家，什麼話都學，他還是永和的女婿。

因為你要跟對方站在一起才有親切感，這叫融入現場、融入台灣、融入台灣鄉土，與台灣鄉土同行，所以講一些台灣鄉土的話。你看李登輝講的話，只有兩三句而已，多講鄉土話，說「安啦！安啦！」就可以有百分之五十四的選票，我都學不像，我的西螺七坎都輸他。

我們要把莊子「神巫季咸」這一段的意思好好抓住哦！這一段是難得的一個寓言，整個義理架構那麼完整，而意義那深遠，這是很少找到的，而它又通過中國幾千年以來，我們最喜歡的算命來做題材。一方面告訴你相命的道理在那裏，但是一方面又告訴你，應該往上伸展到活水源頭。

原來應帝王的「未始出吾宗」，在齊物論叫「真君」，真正可以做主的人叫真君，每一個人都是自己的真君，那不就是真命天子嗎？我們下凡人間就是了，粉墨登場，演一場人生大戲。所以不要傷感流落人間，大家還是帝王，應帝王，只要你應機就是帝王，你下凡人間你還是皇帝。不是我什麼都不怕，而是我什麼都不要。會害怕，是你因為想要。我不想要，我就不怕，這叫富貴不能淫，貧賤不能移，威武不能屈，世界上的道理是相通的。

11

說信仰與人生

遠離迷信，走向信仰

台灣社會，當真熱鬧滾滾，民間信仰新興宗教，各有自家一片天地，神通靈驗，本尊分身，蓮座庇佑，甚至養小鬼給明牌，有如天降神兵，法櫃奇兵一般，等待福報會從天上掉下來。

不是大家不懂「一分耕耘，一分收穫」的道理，只是耕耘太苦了，而春耕夏耘秋收冬藏的歷程，拉得太長，現代人心等不及了，只求狂飆速成，一夕成名，甚至連風調雨順，風和日麗也少了一點感恩惜福的心，心中無天公、土地公，怎麼可能會有信仰，充其量不過迷信而已！

所謂「迷信」，一是根本沒有神，而你卻相信：問題是，神是無形的存在，你不能以現象經驗來論斷神是否存在，是以比較理性的人，會抱著「存而不論」的態度，把問題的重點做一轉移，不問神在不在，而問人的信仰態度，怎麼樣才算健康合理。譬如，生病了只知燒香禮佛，而不去醫院就診，甚至找人來畫符唸咒，作法驅魔，那就是迷信。

依各大教的教義來看，有一共同的信條，那就是福報一定從德行來。這唯一的普遍信條，堪稱天條，若人間有不做好人，直接求取好報的信仰，那是觸犯天條。當前某些財團廠商，不拓展生產線與行銷網，每天炒作股票，試圖一步登天，由連鎖店到跨公司，甚至想兼併他人產業，此等不事耕耘，只等收穫的心態，就是觸犯天條，根本違背公平正義的原則，就是迷信。

更不可思議的是，在狂飆炒作之餘，卻又托庇教門法師的法力神通之下，甚至求教江湖術士的詭異秘法，有如黑金團隊洗人又洗錢的故技，這當然是迷信。

實則，迷信與正信之分，依據孔子的人文觀點，可以給出既合乎知識理性又兼具道德理性的態度，一是「子不語怪力亂神」，二是「祭如在，祭神如神在」，三是「敬鬼神而遠之」。當前諸多新興教派，說是宗教信仰，卻奠基於神祕鬼怪之說，不管說得如何的天花亂墜，也不論展現多少的神奇通靈，那是不應該也不值得去信仰；其次，把信仰的重心，從外在的神，轉移到人的自身，只問心中有沒有神，心中有神，神就在，祭拜神明的時候，心中若沒有神明在，這樣的祭祀純屬形式，而沒有什麼意義；第三，心中有神，當然敬事鬼神，不過要拉開距離，敬而遠之，遠之就是保留人文伸展的空間，不能天下大事，不問蒼生問鬼神，一切都是鬼神決定，那人活一生，哪有創發揮灑的餘地？

孔子說「知天命」，也「畏天命」，肯定天命的存在，也敬畏天命的莊嚴。不過天命天理，卻內在於人心人性，且人心人性是良知良能，又直通天道天理，未有怪力亂神夾雜其間，顯得更單純簡易，以良知教人文教的姿態，發揮宗教宗主天上教化人間的功能。

開宗立教的人生智慧

宗教信仰，顧名思義，宗是宗主，教是教化，能生人救人，且做為萬物宗主的存在，一定是超越在天地萬物之上的天道。人生是人物活在人間，人物是有限的，人間是複雜的；人物的有限性，在於百年大限，且百年間又面對生老病死的無常與煩惱；人間的複雜性，在於你想要的，別人也想要，執著癡迷，爭競奔逐，在流落困苦中承受挫折傷痛。天道宗主，一者要沒有人物的弱點，轉有限為無限，二者要沒有人間的迷亂，轉複雜為單純，這有待「教化人間」的教義戒律了。

從人的存在處境說，人有心有物，人為萬物之靈，就在人生有心，心是無限的，而無限的心卻落在有限的物上。一方面無限的心被有限的物困住。另一方面無限的心要背負有限的物，不論是被困住，還是要背員，都是苦累；就因為人心有靈，自知有限，才會嚮往無限。

宗教的源頭，從啟示的宗教來說，是來自上帝或先知的啟示，從體現的宗教來說，是來自人生的覺悟修行。儒道佛三大教本其人文精神，宗教信仰源自人性本身。人是既有限又可無限的存在，人有限，所以會有人生悲感；人無限，才會從人生悲感中，發為宇宙情懷，對人生的悲苦，會生起普遍的同情，如佛教說的同體大悲。宗教信仰永遠是人的宗教信仰，飛禽走獸，根本不可能有，因為牠們沒有無限的心，雖有限而不自知；天上神明，則根本不必要有，因為祂們有無限的心，卻沒有有限的物，不會有悲情痛感，也無需救贖引渡。人的心，有如神明般的無限，人的物，有如萬物般的有限，只有人會感受到人生的困苦，只有人會背起人生的十字架，只有人能體貼人生的傷痛，只有人能給出適時的慰勉，所以任何宗教都要通過人——神父、法師、道士，來傳播福音或宣揚佛法。

人生是既有限而可無限的存在。宗教信仰一方面對人物的有限性，給出真切的同情與完全的包容，一方面又對人心的無限性，給出永恆的希望與寬廣的空間。宗主天上，天上是無限的美善，教化人間，把人物從卑微悲苦引領出來，而走向高貴喜樂之路。

正宗大教的終極原理

宗教要開宗立教，還要是正宗大教。正大與否，要如何判定？此與迷信、正信的區分，道理等同，當代新儒學大師牟宗三對宗教的界定，給出兩大價值的內涵：

一、是開啟無限美善的超越精神。

二，是安頓人間社會的軌道倫常。

前者是宗主天上，後者是教化人間。前者給出價值心靈成長伸展的無限空間，後者尋求氣質物欲的行為規範與合理出路。人心無限，人物有限，人間就是既有限而尋求無限的舞臺，軌道倫常就是從有限走向無限的通道，此有如宗教的禮儀與戒律一般。

再依據英國當代大哲學家懷德海的觀點，認定宗教是「以信仰的力量，淨化內在的心靈」。信仰是超越的，淨化是內在的，仍是宗主天上與教化人間之兩大功能質素的兼而有之。

實則，信仰是人間與天上的連線。信在人間，卻仰望天上。信從人心的覺悟而得，仰從天道的追尋而發；更貼切的說，宗主天上的仰，與教化人間的信，是既超越又內在的，天道天理超越在人心人性之上，天道天理又內在於人性人心之中，天道天理是超越無限的，所以值得衆生仰望，人心人性是內在真實的，所以眾生會生發信念。

各大教各有它的教義，各有它的哲學，宗教哲學探討的是宇宙人生的終極原理。「極」是最高的原理，「終」是最後的真實。落在人生的體會來說，「極」是最高的理想，「終」是最後的真情。最後的真實要定在最高的原理，只有最高才是最後的，只有「極」才是「終」，人生要安身立命，一定要追尋最後的真情，實現最高的理想。真情是動力而理想是方向，人生就不會有存在的無力感與價值的失落感，不會迷失，不會漂泊，不會尋尋覓覓，無家可歸。人間的情愛婚姻，找一個「終」身伴侶，他一定是最愛的「極」，只有最愛的才可能是終身相守，不然的話，情愛婚姻永遠定不住，形成在婚姻中找婚姻，在情愛中找情愛的街頭亂相。基督的信仰，說上帝是至善全能，儒家的修養，說理想在內聖外王，至善引領德行，而全能主宰福報，德行生人而福報救人；儒家內聖修的是德行，儒家外王管的是福報，德行是人格修養，福報是人文化成。人文化成已走向文化，教育與學術的廣大領域，這三者的統貫，就是儒家的人文教與良知教。

宗教信仰與道德修養

哲學與宗教，皆在解答宇宙人生的終極原理，只有「極」的最高處，才是終身可以依止停靠之地。問題是，你要把「極」定在那裡？「極」當然是最高的天道，道是道路、真理，佛、基督都是「極」，所以佛弟子、基督徒在唸佛、祈禱的時候，與佛同在，與基督同行，最高的理想已然臨現，真相大白真情流露，人生到此已無牽掛、遺憾，當然衆生普渡，信我者得永生了。

不過在儒道佛三大教的東方智慧，「極」在天道，也在人性。天道既超越又內在，所以生命的重心，由超越的天道迴向內在的心性。天人問題轉為心物問題，不是人如何得到天道的庇佑救難，而是心如何主導物欲形氣的德行涵養，宗教信仰化為道德修養。

儒家肯定人皆可為堯舜，道家肯定人籟之真就是天籟，佛教肯定人皆可成佛，這一由內在而超越的生命進路，就是通過「克己復禮」，「致虛守靜」與

「轉識成智」的修養工夫，重心已由信仰，轉為修養。

修養的極致，儒家說「仁者安仁」，又說「上下與天地同流」，道家說「人相忘於道術」，又說「獨與天地精神往來」，佛教說「明心見性」，又說「觀世音觀自在」，修養由「下學而上達」，已與天命佛法同在同行了。

宗教信仰的真諦，就在開發德性，與養成德行，而不是等待上帝或佛陀來救贖保佑。若沒有德行修養，走離上帝博愛與佛陀慈悲，豈不是與天國、彼岸背道而馳！正宗大教的正大就在此。

不然的話，人生只是離苦被救，活一生豈不是交出白卷，白走一回嗎？人生豈不是失去亮麗，沒有光采了嗎？每一個人追隨先知前賢，信仰主或皈依佛，不是因為祂可以保佑我拯救我，而是我可以在祂的引領導航下，自己活出自己，拓展一生的前程遠景。

宗教信仰最大的功能，就在保證好人有好報，是維護福報從德行來的最後一道防線，不然，人間多的是黑金混合官商交結，卻叱吒風雲的怪象，沒有品格，沒有操守，卻因緣際會，有名有利有權勢，逼得天下人懷疑人間會有正義公理！不僅未能「與人為善」，反而傷害「善」之最大者，所以宗教信仰會有「不是不報，只是未到」的、來生彼岸與天國，等在前頭的還有最後的審判呢！德行與福報問題，論語有一段對話，值得我們深思：

或曰：「以德報怨，何如？」
子曰：「何以報德？以直報怨，以德報德。」

此章討論的是「德」與「怨」當該如何「報」才是合理？德是善意成全，怨是惡質傷害，社會正義的根基，就在以德報德，以怨報怨。當有人說出「以德報怨」的時候，看似寬厚，實則有違常理，孔子即以「何以報德」來逼顯它的不合情理，因為你已把「德」給了對你有「怨」的人，你還有什麼更好的可以給對你有「德」的人？假若以德報怨又以德報德，那豈不是恩怨不分，是非不明了嗎？

不過孔子不說「以怨報怨」，而說「以直報怨」。此在宗教的「以德報怨」，法律的「以怨報怨」之外，另闢屬於道德的「以直報怨」。「以德報德」則是三者共同認可的共法。

再問，「以直報怨」的「直」，要定在何處？論語另有一段對話，可以給出線索而尋求解答：

葉公語孔子曰：「吾黨有直躬者，其父攘羊，而子證之。」孔子曰：「吾黨之直躬者異於是，父為子隱，子為父隱，直在其中矣！」

當葉公很得意地宣示，他鄉黨之人的正直，是父親偷羊，兒子卻去密告作證，孔子立即潑了他一盆冷水，說我鄉黨之人的正直，跟你們大有不同，我們是爸爸為兒子隱藏，兒子為爸爸隱藏，一個真實的正直就在相互隱藏中顯現。依孔子「人之生也直」與「質直而好義」來看，質是與生俱來的人性，而人性的正直就表現在好義上，所以如何「報」才合理的標準，就當定在人性本身。原來宗教站在天道、佛陀與上帝的立場，是可以「以德報怨」，永遠給出寬恕的空間與最後的希望，如「放下屠刀，立地成佛」，與「信我者得救，信我者永生」之類。道德是站在人性人情的立場，僅能「以直報怨」，在人際關係網中，有親情有道義，如何報，總要通過良心來衡定，「直」是論斷人間的是非，要讓自己心安，而彼此理得，要他真誠認錯，痛切改過；法律則站在罪刑法定的立場，「以怨報怨」是依據法令規條，針對犯行來起訴判刑，要他承受自己行為所帶來的後果，懲罰壞人，為好人討回公道。

實則，在「以德報怨」、「以直報怨」、「以怨報怨」之外，另有老子所說的「報怨以德」，它不在怨已生，再問如何報來思考，而轉向更深層的省思，是如何讓怨沒有發生的空間，原來報怨之道的究極解答，就在無怨。所謂的「以德」，就是回歸天真自然，你無心我也無心，你放下我也放下，人間還有什麼好計較的，「怨」就不可能發生了。

宗教信仰的真正意義，不在等待「怨」已發生，再來「報」，不管是「以怨」還是「以直」，怨的傷害已然造成，再彌補也是遺憾，所以根本在開發德行，拓展福報，讓有德的人有福了。且普天之下的每一個人，都有德有福，讓「怨」永遠在人間消失，才是宗教信仰的積極功能。

所以重點當在開展德行，而不在求取福報。依儒家義理，人生做好人而不求好報，排除名利權勢的夾雜，更顯得道德的純淨莊嚴；且做好人的本身，就是好報，人生有機會讀書成長，就是最大的福報；最後，自己做好人不求好報，卻要為天下的好人爭取好報，這一道德的最高境界，已跟宗教合流並行。

生前何來，死後何去的解答

人文思想僅能詮釋生死之間的人生行程，生之前從何處來，死之後往何處去，則存而不論，這成為人生最大的困惑與遺憾。

人為萬物之靈，就在人是這個世界上唯一知道自己會死的動物，人生的意義就在人生行程有限，而心願卻在無窮無盡的困境中給逼了出來。一方面我們要珍惜此生，歲月一去不再來，在我們的有生之年，盡可能去實現我們心中的夢想，另一方面，我們依然不能接受的是，奮鬥了大半生，美景已然在望，卻在軀體死亡的瞬間，一切成空。生命中的愛與理想，情操與美感，會在呼吸停止時，隨風而逝嗎？怎麼會呢？愛跟理想，情操跟美感，是何等的高貴真實，怎能因心臟不跳動而歸於烏有？

我們的親人朋友。離開人世間，那他們到哪裡去了？「黃泉無客店。今夜宿誰家」，我們不是為人世間每一個無家可歸的人找到一個家嗎？有孤兒院與養老院讓痛失父母兒女的人，有個棲身之處，而免於流離失所，那麼請問我們要不要為死去的親友，找到一個他們可以歸去的另一個家呢？

宗教信仰在此發揮了最大的功能，給每一個人終將要去的另一個家，死後的家，那是來生、彼岸與天國。宗教給出的是在此生之外的另一段嶄新的人生，在人世間之外的另一個理想的彼岸天國，讓活在此生此世的人，可以安心，不因為終究會死去，而擔心受怕，失去了奮鬥的志氣。

不過在我們的儒教傳統，是不說來生、彼岸與天國的，斬截而不留退路，人生的理想就在今生今世完成。生之前從父母來，死之後往兒女去，不說三世因果，而說三代傳承，父母是我的前生，兒女是我的來生，了前生要孝敬父母，修來生要教養兒女，這樣的生命理念，才不會疏離父子家人的親情，而掉落在自求解脫的小乘。

莊子說：「道行之而成，物謂之而然。」此點出人生兩大智慧，一在人物總要活在道中，不管是基督或真主的道，佛陀的道，孔孟的道，還是老莊的道，道是世界觀與人生觀，你可以通過基督、真主或佛陀的眼光來看世界看人生，也可以通過孔孟或老莊的眼光來看世界看人生，沒有「道」，就沒有「觀」，世界真相看不到，人生真情也看不到；二在人物的「然」，人生的價值，不僅要有道的「觀」，還要有道的「行」，且要「行之有成」的實踐，才會有「謂之而然」的評價。當真是一步一腳印，凡存在的必留下軌跡，你做了什麼，你才是什麼，你什麼都沒做，那你就什麼都不是。人是修道人，世間是修道場，宗教信仰終究要回歸道德修養，人活一生是神采飛揚，還是黯淡無光，端看我們如何在「道」中修行了。

12

說良心的培養

良心的呈現——人性的發端

現代人喜歡說，做什麼要像什麼，代表一分成就感；不過不能僅停留在職責分工的盡職負責上說，還要回到「人」的身分，做普遍性的根本反省。生而為人，就要做人，且像個人，可不能人模人樣，而言行卻失去了人的品格跟味道。

這就是儒學傳統的第一要義，問的是：「人之所以為人」的存在本質在哪裡？孟子說：「人之異於禽獸者，幾希！」儘管人跟禽獸不同的地方，就是那麼一點，而那麼一點卻是人之成為萬物之靈的所在。

所謂的「人禽之辨」，就在於人有仁心，人有善端良知，人性在「仁者愛人」的生命流行間，凸顯它的尊貴與莊嚴。人之所以為人在人有仁心，而仁心就在人會有不安感的當下呈現，論語有段孔子與宰我的師生對話：

宰我問三年之喪：「期已久矣。君子三年不為禮，禮必壞；三年不為樂，樂必崩。舊穀既沒，新穀既升，鑽燧改火，期可已矣。」

子曰：「食夫稻，衣夫錦，於女安乎？」

曰：「安。」

「女安則安之。夫君子之居喪，食旨不甘，聞樂不樂，居處不安，故不為也。今女安，則爲之。」

宰我出。

子曰：「予之不仁也，子生三年，然後免於父母之懷。夫三年之喪，天下之通喪也。予也有三年之愛於其父母乎？」

宰我質疑父母過世，子女要服喪三年之傳統禮俗的合理性。他的論證有二：

一是人文價值的評量，倘若人人服喪三年，等同三年間，不能承擔禮樂的責任，那豈不是適得其反，導致禮壞樂崩的後果了嗎？

一是自然現象的運轉，正好一年一週期，四季用的木材，一年輪換一回，稻穀收成也在春耕夏耘秋收冬藏間完成。

依前者來看，三年太長了；依後者來看，一年就夠了。一破一立，言之成理，持之有故。

未料，孔子根本不從人文價值與自然現象的兩大論點，做出回應，反而直指本心的逼問：在父母離開人間的悲痛時刻，吃美味、穿錦繡，你會心安嗎？

原來，服喪三年的約定俗成，與人文評量、自然週期不相干，它發自人心的自我要求：你會心安嗎？這一逼問將人逼向存在的邊緣，你不能閃躲逃避，你要面對真實的自己，有如千鈞重錘，直敲在你的心靈深處。

「你會心安嗎？」這是儒家學說的根基。孔子只有這一問，再無其他，沒有神話，沒有啟示：只有人心的自問自答，人間道德的最後依據，就在「你會心安嗎？」的自問自答。

更出人意表的是，宰我竟做出「安」的回答。

孔子對此，也不能再說什麼，只能訴諸人性自身，你安那你就去做好了；

不過一個有德行的君子，在守喪期間，美食當前不以為美味，聆聽音樂不會感受快樂，家居生活也不會覺得安適，你會心安那你就去做吧！

這樣的對答，看似委婉，實則跡近棄絕的罵人，話已說盡，宰我再無立足的空間，等同決裂般的離去。

可惜的是，在宰我離去之後，孔子才點出了三年之喪的理論依據，一邊詮解宰我何以說安的心理因素，一邊解答服喪三年的理由，就在兒時父母懷抱三年。

孔子不是罵宰予沒有仁德，而是說宰予的安，不是從仁心發出來的真心話，而是意氣的回應。所謂的父母過世，要有存在的實感，宰我的應對，卻只當做假設的情境，加上在被逼急的自我防衛之下，衝口而出的硬撐氣話。

何以要服喪三年，理由在，我們剛來人間，處在生命最稚弱無依的階段，父母懷抱我們三年，那麼在他們離開人間，處於最孤獨寂寞的時候，我們要不要陪伴他們三年，回報他們三年的愛呢？守喪三年的禮俗，是發自人性根處的內在呼聲，因為只有如此，才會心安。不是權威的教條，也就沒有議論的空間。

孔子從心會有不安感，說人有仁心，孟子繼起，以人皆有不忍人之心說人性本善。試看一段關鍵性的論述：

今人乍見孺子將入於井，皆有怵惕惻隱之心，非所以納交於孺子之父母也，非所以要譽於鄉黨朋友也，非惡其聲而然也。由是觀之，無惻隱之心，非人也；無羞惡之心，非人也；無辭讓之心，非人也；無是非之心，非人也。惻隱之心，仁之端也；羞惡之心，義之端也；辭讓之心，禮之端也；是非之心，智之端也。

幼兒稚弱，即將掉落井中，生命已臨生死關頭，此時在我們心中呈現的內涵，一定是真切的傷痛感，不忍生命即將終結。不忍天下人受苦受難的心，正是良知善端的顯發。而這樣的心，是與生俱來，天生本有的心，所以用三個「非」，來排除後起人為的可能因素，不是為了要跟孺子的父母建立交情，不是為了想得到鄉里的讚譽，也不是受不了人家的批判才如此的。這樣的「非」，在經驗現象中可以一直增列，反正，不忍人受苦受難的善端良知，不是後起人為而有，而是直從先天本心發出，此一良知善端的本心源頭。統稱為良心。

所謂的「良」有二義：一為天生本有，二為善良，此所以台灣鄉土責罵品行不端的人，就拋出一句重話：「還有天良嗎？」天生本有的善良，從本來說，就是天理良心，良心從天理而來，天理是超越在人之上，天理也內在於心之中。

孔子說：「天生德於予。」孟子說：「此天之所與我者。」天生給我的就是德性良心，道德的理想在此確立，道德的源頭也在此奠基。人人當該做好人，人人皆能做好人，是因為天理就在人心中，因為人性本身就是善的。

孟子說：「仁義禮智，非由外鑠我也，我固有之也。弗思耳。」又說：「君子所性，仁義禮智根於心。」

仁義禮智，不是由外來的權威強加在我的身上，而是人心本身所發動的惻隱、羞惡、辭讓、是非的善端良知；且一個有德行的君子，他所認取的性，是仁義禮智的價值心靈，而不是耳目官能的形氣物欲，心發出的是善端良知，所以心是善的。儒者的存在抉擇，就是以心為性，當然性也就是善。

道德人格的可能依據，在人有仁心善端，且仁心會在生命流行的每一當下呈現。問題是，良知會隨時呈現，也隨時隱沒，所以道德也就沒有必然性。只有在仁心呈現，生命處在覺醒的狀態，仁心良知呼喚自己，讓自己永遠保持清醒，而不會再沉墮而為昏昧狀態，這叫仁心的自覺。仁心不僅呈現，且在呈現時自覺，如此良心才能永遠挺立在生命的每一現場，道德才有必然的保證。

孔子說：「我欲仁，斯仁至矣。」孟子說：「心之官則思。思則得之，不思則不得也。」我欲仁的「我」，就是仁心，仁心自我呼喚，仁心呼喚仁心的自己，也就是思則得之的意思，思是自我反思，自我照明，讓仁心自己永保清明。

試舉一例，我在師大就學時，擔任家教。學生白天上課，夜晚又要補習，疲累不堪，眼皮老是不爭氣的往下垂，他幾經掙扎，就在瞌睡片刻後的一念清醒，但見他奮力地挖出一小塊萬金油，悲壯地往雙眼一抹，靈魂之窗不僅豁然開朗，且自己感動得淚水直流。這時，再想睡也已不能，那個晚上，兩個鐘頭間不僅不再昏睡，反見神采飛揚。

仁心會呈現，仁心也會隱沒，呈現時會有不安感，知道自己不對，但隨即隱沒，又習以為常，轉成習氣。如期末考到了，老打電動或上網路，一兩個鐘頭過去，仁心呈現頓覺不安，不過下一秒鐘，仁心隱沒，又陷溺其中，等同昏睡。這形成弔詭的現象，逐漸安於不安。自知錯了，卻超拔無力，關鍵就在，清醒時未讓自己永遠清醒。

孟子說：「不為也，非不能也。」既然良知隨時呈現，何以會「不為」，原因就在不做自覺的工夫，而聽任仁心良知在呈現與隱沒間上下浮沉，迫使自己掉落在明知不對，卻依舊犯錯的境遇中，反而藉「不能」來自我說解，實則，人既有「不慮而知不學而能」的良知良能，怎能說我不知我不能，當然是我不為了。扭轉之道，就在良心的自覺，在清明間朗現人性。

仁心良知在心的不安與不忍中呈現，而呈現瞬間流逝，所以良知本心要在清醒的那一當下，自我呼喚讓自己永遠清醒，這是由呈現升進一層的自覺工夫。

呈現是仁心良知在形氣欲的拖累中，突圍而出，心從形氣物欲的包圍中超離出來；自覺是心對心的自己，發出邀請呼喚，把心留住，永遠自覺挺立；自作主宰，是心站出來，做自己的主人，自己當家做主，主導形氣物欲。孔子有一段與顏回的對話，十分完整的說出修養工夫的三層次：

顏淵問仁。

子曰：「克己復禮為仁。一日克己復禮，天下歸仁焉。為人由己，而由人乎哉！」

克己是就自然物的層次說，復禮是就社會人的層次說，為仁是就人文心的層次說。人同時兼有自然物、社會人與人文心的三重身分。

人是自然物，有形氣物欲，會蠢動會膨脹，所以要有克制的工夫；人是社會人，處在人際關係網中，要有情意感應，理想會通的管道。克己是主體的修持，復禮是客觀的實踐，而源頭卻在仁心的自做主宰。

為仁是仁心的自做主宰，與自我實現。由己是從自身來，是自己決定方向，自己約束自己，既是規範又是自由，這就是道德的自律。

由己與克己，分屬人文心與自然物的不同層次，故不構成矛盾，人文心自做主宰，自然物有待克制。倘若未有仁心的自由（由己）僅為了克己而安排的禮教或禮制，就成了外在的規範或權威，不是由己，而是由人，如此道德規範對人性而言，形成壓迫或傷害，禮制是權威的教條，禮教就難逃「吃人的禮教」的罵名了！

五四新文化運動，打倒孔家店的激越，重點在打倒吃人的禮教，所謂吃人，是失去了仁心的自做主宰，僅是「克己」，而不是「由己」，禮既是「由人」，有如外在牽引，甚至是外力逼壓，那當然成為人人要反抗的權威教條了。

孟子說：「養心莫善於寡欲。」又說：「學問之道無他，求其放心而已！」為學之道，首在把失落的良心找回來，而良心會流放自己，是因為物欲的牽引，心不做主宰，不能主導物欲，反而隨物欲而去，成為生命最大的顛倒。台灣社會，當前亂象的根由，就在失落了五十年來一步一腳印的台灣良心，只看黑金官商混流的局面，名利心權力欲淹沒一切，對症下藥，惟有「求其放心」，把台灣良心找回來；不過存養良心，得破解過度膨脹的貪欲。良心與物欲，有如天秤的兩端，物欲消減，則良心增長。

比諸孔子的「克己復禮」，孟子的重大突破在「知言養氣」。孟子的「知言」，就社會人的層次說，近於「復禮」，而「養氣」，就自然物的層次說，近於「克己」。不過知言是以心知言，以良心去評斷天下的是非，養氣是以心養氣，從孔子自我克制的消極義，轉向生命力存養擴充的積極義，「以直養而無害」，把良心的正直當養分，灌注在形氣上，就會長成生命的大樹，「至大至剛」，什麼都不怕，因為我永遠是對的，不僅心安理得，且理直氣壯，當氣壯山河的時候，就是瀰漫天地間的浩然正氣了。

以心知言，以心養氣，所以一定要「先立其大」，孟子的論述，有大體、小體的二分：「先立其大者，則其小者不能奪也。」

「從其大體為大人，從其小體為小人。」

「養其小者為小人，養其大者為大人。」

此中大小的區分，不是數量上的多寡，而是指品質的貴賤。且不是界域的平面區別，而是層次的超越區分。它是價值的意涵，在重要感之下的二分，「從」意味人生的定向，「養」則指向人生的涵養，有定向有涵養，那麼耳目官能，形氣物欲的小體，就不能篡奪大體的主導地位了。

從孔子的「克己復禮為仁」，到孟子的「先立其大」，且以心知言，以心養氣，仁心的光輝通貫到社會人、自然物的層次，人文心化成了社會人與自然物，統體是人性的光輝，孟子說：「其生色也，睟然見於面，盎於背，施於四體，四體不言而喻。」又說：「形色，天性也，惟聖人然後可以踐形。」踐形是把自己的身體當做道場，而良心是修道人，自然生命轉化成道德生命，煥發人格的光輝，這叫生色。此有如我們有良心，有理想性，有責任感，好好讀書，這個社會就是書香社會，而每一個人身上都涵有書卷氣。

存在的抉擇——人性的莊嚴

良心的呈現、自覺與自做主宰，是道德實踐的三部曲，可能在呈現，保證在自覺，而完成在自做主宰。

孟子有一段千古傳誦的話：

口之於味也，目之於色也，耳之於聲也，鼻之於臭也，四肢之於安佚也，性也，有命焉，君子不謂性也；仁之於父子也，義之於君臣也，禮之於賓主也，聖人之於天道也，命也，有性焉，君子不謂命也。

此言耳目官能的小體，與仁義禮智的大體，都是天生而有的，都是性；而二者都有它不得不然的限制，也都是命。耳目官能的欲求，會疲累會厭倦，且有時而窮，譬如老是吃山珍海味，會倒胃口，還不如清粥小菜，來得清淡可口；

反之，仁義禮智的良知，是仁心的自我流露，父子親情，你總是愛他，偶爾生他的氣，你還是念他疼他，似乎永遠有不得盡的遺憾，這就是所謂的「命」感，看起來有限，實則愛有無窮伸展的空間，愛不會厭倦，愛可以不斷的付出，不會有枯竭的危機。所以人生最重大的抉擇，端在你要認取哪一部分做為人性的內涵，是有時而窮的耳目官能呢？還是無限伸展的價值心靈呢？孟子說一個有德行的君子，是不以耳目官能為性，而是以仁義禮智為性，這叫做存在的抉擇。抉擇的是存在的本質，人性的莊嚴就在兩可間，你做了價值的超越決定。君子把耳目官能看做命一般的限制，而把仁義禮智當做自家的性分。

孟子說大舜「及其聞一善言，見一善行，若決江河，沛然莫之能禦也。」這就是仁心良知的自我感動，與自我完足。孔子說：「仁者安仁，知者利仁。」愛當然要有智慧，不過智慧僅是有助於仁德的實現，它不是目的，人會在不安中求安，這就是道德的動力，而且仁心會安於仁心的自己，因為它是最高的理想，也是最後的真情，它是終極原理，當仁心呈現，自覺與自做主宰時，人就可以安心了。

性命對揚，性是德行的必然依據，而命則是福報的偶然遇合。孟子有一段極精到的解析：

求則得之，舍則失之，是求有益於得也，求在我者也；求之有道，得之有命，是求無益於得也，求在外者也。

德行所求在我，求則得之是良心的自覺，舍則失之是良心在呈現與隱沒間游離，求有益於得，意味道德有其必然性；福報所求在外，求之有道是以德行去求取，得之有命是要看人間的機緣遇合，求無益於得，代表福報有其偶然性。有如孔子所說的「死生有命，富貴在天」的意思，均不是人的德行所能決定的。

所以孟子說：「古之人，修其天爵，而人爵從之。」修其天爵，是求之有道，而人爵從之，僅是吾人心中的願望，理當如此，而事實上卻得之有命。天爵是天生的高貴，是「人人有貴於己者，弗思耳」；人爵是人間的高貴，是「人之所貴者，非良貴也」。人生存在的抉擇，就在你選擇的是道德人格的高貴，還是人間權位名利的高貴，前者是「雖無文王猶興」的豪傑，後者是「趙孟之所貴，趙孟能賤之」的無奈，價值的實現是自己良心可以做主的，權勢的角逐則是外在情勢所決定的，人的一生是以何等的面貌姿態出現，人生百年到底繳出怎麼樣的成績單，端在吾心一念的抉擇了。

結語——良心的極成

今天，青少年好說帥哥酷妹的魅力，最帥的是我「直道而行」，最酷的是我「不言而喻」。我是對的，神采飛揚，那我最帥；我不用多說，一切寫在臉上，那我最酷。

同學間不能說為了兄弟情義，而在考試時作弊，因為違背了公正原則。我用功認真，考試靠實力，這是求之有道；而到底得了幾分，考上第幾志願，那是得之有命，大家盡心就是了。如果在考場把答案透露給好友，看似很講義氣，實則是錯的。

同學相處，不能講義氣，因為英雄氣或少年氣會遮蔽了義或扭曲了義，而當講義理。孟子說：「理義之悅我心，猶芻豢之悅我口。」麥當勞炸雞誠然美味，不過仁義理序更讓我心安，那如何既存全友情，又合乎道義呢？那就是平時一起讀書論學，相互切磋激盪，彼此帶動陪伴，「君子以文會友，以友輔仁」，「友直、友諒、友多聞」，不要辜負了同步成長的少年時光，讓友朋之情往道義開展。

此外，青少年流落街頭，飆車砍人，不把生命放在心上，不怕死看似英雄，實則懦弱。因為活著，才是真正迎接挑戰，接受考驗，甚至開創新局。真有氣魄，真有志氣，那就好好運動打球，立志當國手，為國爭取榮耀，不論是讀書研究，或者經營產業，都可以當國家代表隊，為台灣打出一片天。這樣的氣魄擔當，就是「直養而無害」的浩然正氣，而不是快速衰退萎縮的血氣之勇，是「上下與天地同流」，永遠站在天地那一邊的義理之勇。帥哥酷妹的亮麗光采，應該是良心養成的人格光輝與氣度吧！

人生而為人，就當在人間做人，且做出人之所以為人的存在真實，有真誠有善意，而真誠善意的發動，就在我們的本心良知，也就是我們的良心。良心人人皆有，卻要通過形氣物欲的試煉，這就有待修養工夫了，從呈現、自覺到自做主宰的三部曲，步步精進，再經歷自然物、社會人與人文心的三層次，克己或養氣，復禮或知言，為仁由己或先立其大，最後，由踐形而生色，統體是道德生命，這是良心的極成。

良心通向天理，這是幾千年來文化傳統最根深最源頭的生命理念，天理良心四個字，代表我們的存在依據，也是我們的價值取向。

天理良心，民間鄉土統說天良，天性良善，也就是孟子標舉的性善說。「人之初，性本善」三字經開宗明義，揭示了千古傳承的信念，人性的本身就是善的，因為人有良心，而良心一發動，就是不安不忍，而不安求安，即是道德的動力。「人有不忍人之心，斯有不忍人之政」，再由道德轉向政治，這就是內聖外王的儒學傳統，良心的培養正是這一傳統的精神核心，也就是薪火永傳的文化慧命！

國家圖書館出版品預行編目(CIP) 資料

生命的學問十二講 / 王邦雄著 -- 四版
-- 新北市:立緒文化事業有限公司, 民110.10
面；　公分. -- (新世紀叢書)

ISBN　978-986-360-179-1(平裝)

1. 人生哲學 2. 文集

191.907　　　　　　　110014072

生命的學問十二講（2021年版）（原《行走人間》增訂新版）

出版——立緒文化事業有限公司（於中華民國 84 年元月由郝碧蓮、鍾惠民創辦）
作者——王邦雄

發行人——郝碧蓮
顧問——鍾惠民

地址——新北市新店區中央六街 62 號 1 樓
電話—— (02) 2219-2173
傳真—— (02) 2219-4998
E-mail Address —— service@ncp.com.tw
劃撥帳號—— 1839142-0 號 立緒文化事業有限公司帳戶
行政院新聞局局版臺業字第 6426 號

總經銷——大和書報圖書股份有限公司
電話—— (02) 8990-2588
傳真—— (02) 2290-1658
地址——新北市新莊區五工五路 2 號
排版——文盛電腦排版有限公司
印刷——祥新印刷股份有限公司

法律顧問——敦旭法律事務所吳展旭律師

分類號碼—— 191.907
ISBN —— 978-986-360-179-1
出版日期——中華民國86 年 11 月～ 86 年 12 月初版 一～二刷（1 ～ 5,000）
中華民國96 年 8 月二版 一刷（1 ～ 1,200）
中華民國 106 年 9 月三版 一刷（1 ～ 1,000）
中華民國 110 年 10 月四版 一刷（1 ～ 800）

定價◎ 320元（平裝）